# La Ricerca

*Un fisico italiano narra le sue esperienze di ricercatore nelle università di quattro continenti*

**Aldo Rescigno**

# LA RICERCA

*un fisico italiano narra le sue esperienze di ricercatore nelle università di quattro continenti*

**Aldo Rescigno**

La Ricerca
ISBN 978-0-9861091-3-3

Copyright © 2012 Aldo Rescigno
All Rights Reserved

Copertina:
Patti Isaacs, Parrot Graphics

Redazione:
Luisa Frisia

Disegno e Compilazione del libro:
Ute Buehler

Pubblicato da:
Studio 214 publishing
428 S. 2nd Street Suite 420
Minneapolis, MN 55401
U.S.A.

Aldo Rescigno(1924-2018) è nato a Milano, e fin da bambino ha dimostrato una grande attitudine per la matematica.

Ha studiato al Collegio Navale di Venezia, dove ha avuto la fortuna di incontrare insegnanti che lo hanno spinto alla ricerca scientifica.

Durante gli anni della Seconda guerra mondiale (1940-1945) ha aiutato i genitori a far passare il confine con la Svizzera agli amici ebrei perseguitati.

Dopo la guerra si è laureato in Fisica all'Università di Milano e ,in seguito a un incontro con il Prof. Giorgio Segre, si è dedicato alla farmacocinetica, e insieme hanno pubblicato il libro "La cinetica dei farmaci e dei traccianti radioattivi" (Milano, 1961).

Questo lavoro è stato lo stimolo per l'invito a passare un anno alla University of California a Berkeley, ed è stato il primo passo per una lunga carriera accademica, ricca anche di numerose pubblicazioni scientifiche.

I modelli matematici da lui sviluppati sono stati determinanti per il miglioramento della produzione dei farmaci.

...

**l'ardore ch'i' ebbi a divenir del mondo esperto, e delli vizi umani e del valore**

(Dante, Commedia, Inferno, XXVI, 97-99)

# SOMMARIO

CAPITOLO 1: VENEZIA — 9
CAPITOLO 2: FRIBURGO — 13
CAPITOLO 3: FIRENZE — 17
CAPITOLO 4: LE CHAMBON SUR LIGNON — 22
CAPITOLO 5: BUSTO ARSIZIO — 26
CAPITOLO 6: TORINO — 35
CAPITOLO 7: BERKELEY — 42
CAPITOLO 8: SYDNEY — 77
CAPITOLO 9: CANBERRA — 88
CAPITOLO 10: MINNEAPOLIS — 124
CAPITOLO 11: BETHESDA — 156
CAPITOLO 12: CALGARY — 168
CAPITOLO 13: JOHANNESBURG — 175
CAPITOLO 14: NEW HAVEN — 204
CAPITOLO 15: LA PROLUSIONE — 210

# CAPITOLO 1: VENEZIA

## Collegio Navale

Ho sempre pensato di essere fortunato. Una delle molte mie fortune è stata quella di aver avuto dei buoni insegnanti a scuola. Fra tutti quelli che ricordo ne emergono due che hanno contribuito in modo speciale alla mia formazione, entrambi al Collegio Navale di Venezia. Il professor Pasquale Sconzo insegnava Matematica e Fisica, il professor Velio Zanolli, Chimica e Storia Naturale.

È difficile trovare due persone più diverse fra loro di questi due insegnanti; come fossero capitati al Collegio Navale, una scuola militare che aveva lo scopo di preparare futuri allievi dell'Accademia Navale di Livorno, è difficile spiegarlo. Quel che so è che, per fortuna mia e dei miei compagni di collegio, tutti e due ci furono maestri e guide per i tre anni più critici della nostra formazione intellettuale.

Il professor Sconzo era, prima di tutto, un astronomo. Laureato in Matematica all'Università di Palermo, aveva lavorato per breve tempo nell'Osservatorio Astronomico di Palermo, poi per mancanza di fondi era stato trasferito a Catania; anche lì i fondi non durarono a lungo, per cui si ridusse ad accettare, per sua necessità e nostra fortuna, la posizione di Professore di Matematica e Fisica nel Collegio Navale di Venezia, continuando i suoi studi di Astronomia all'Osservatorio di Heidelberg, dove si recava durante le vacanze con la moglie, il figlio Sirio (la stella più luminosa del nostro firmamento) e la figlia Vega (la stella più luminosa dell'emisfero nord dopo Sirio).

Non ricordo di aver visto nemmeno una volta il professor Sconzo senza un leggero sorriso sulle labbra; quelle che avrebbero dovuto essere le sue lezioni di Matematica, in realtà non erano lezioni vere e proprie, ma conversazioni fra amici che hanno un interesse in comune e si divertono a scambiarsi informazioni sulla loro scienza prediletta.

Il professor Zanolli era Libero Docente di Antropologia all'Università di Padova; perché insegnasse al Collegio Navale, un altro mistero. Parlava correttamente e con accento perfetto non so quante lingue europee, era appassionato di poesia (il suo autore preferito era Ariosto), era sempre pronto a citare brani di filosofi, poeti, scienziati che in un modo o un altro aiutassero a capire l'evoluzione di un concetto nel quale fossimo interessati. Era molto miope, disordinato, trascurato nel vestire; ma quando parlava ci sembrava di ascoltare un discorso preparato con cura e limato in tutti i suoi dettagli. Le sue lezioni non seguivano un piano prestabilito, ma alla fine di ognuna ci sembrava che tutto ciò che avevamo udito fosse per sempre diventato parte del nostro patrimonio intellettuale.

Non riuscimmo mai a scoprire nulla sulla sua esistenza privata. Sapevamo che suonava il pianoforte, perché così ci era stato narrato da uno studente dell'Università di Padova che lo aveva udito suonare; sapevamo anche che aveva due figlie, perché così ci aveva confessato lui stesso. Ma nulla di più. E forse questo contribuiva a creare attorno al professor Zanolli un'aura di mistero.

Per quanto questi due insegnanti fossero diversi fra loro, ve n'era un terzo ancor più diverso da entrambi: il professor Tescari, insegnante di Filosofia e Storia. Parlava poco, sotto voce e lentamente, con frasi brevi e concise, ma pregne di significato. A noi allievi sembrava quasi una reincarnazione di Kant; ma un dettaglio non si accordava col suo carattere generale: sulla divisa (tutti i nostri insegnanti indossavano una divisa) portava le insegne di "squadrista".

Erano tempi difficili. All'inizio dell'"Anno XIX dell'Era Fascista" il corpo di spedizione italiano in Russia aveva incontrato le prime difficoltà e si stava preparando ad affrontare un inverno terribile. Al termine di una lezione di storia chiesi al professor Tescari se la situazione italiana in Unione Sovietica non si potesse paragonare alla campagna napoleonica in Russia. Mi morsi immediatamente le labbra; con l'incoscienza dei ragazzi diciassettenni non mi ero reso conto che dubitare della saggezza delle azioni del governo era un reato punibile col confino; ma la risposta alla mia domanda fu una nuova lezione di storia e di filosofia. Una cosa soprattutto avevo imparato in quell'occasione: "Non giudicare una persona dall'etichetta che porta".

Cos'altro imparai a Venezia? Il Collegio Navale era un'istituzione ibrida; il Comandante in Prima era un Capitano di Vascello della Riserva Navale, il Comandante in Seconda un Ufficiale della Milizia Fascista; due potestà con compiti diversi, ideologie diverse, metodi diversi, ma costrette a vivere insieme e ad esercitare i rispettivi poteri con il minimo possibile di interferenze. Vi era anche un Preside degli Studi, una terza potestà ma di un tipo diverso, che si occupava di coordinare gli insegnamenti dei professori di materie non militari. Fra gli allievi, tutti ragazzi fra i quindici e i diciannove anni, alcuni fanatici delle cose di mare, altri desiderosi di visitare nuovi paesi, la maggior parte incerta su come giudicare le cose che ci circondavano. Io, leggermente più giovane della media dei miei compagni di corso, sapevo soltanto di essere insoddisfatto del mondo nel quale vivevo. Non ero abbastanza sicuro di me per allearmi o ribellarmi apertamente ad una o all'altra delle autorità dalle quali dipendevo. Vedevo le loro contraddizioni, ma non sapevo come risolverle.

Vedevo nella Matematica la bellezza di una dimostrazione, nelle Scienze Naturali il piacere di conoscere la causa delle cose. Fra le scienze sperimentali mi pareva che la Fisica fosse la più precisa, a metà strada fra la Matematica e le Scienze Naturali.

Lasciai il Collegio Navale ed entrai all'università per laurearmi in Fisica.

# CAPITOLO 2: FRIBURGO

**Professor Dessauer**

Durante l'ultimo anno della seconda guerra mondiale mi ero rifugiato in Svizzera, dove avevo seguito le lezioni di Fisica del professor Friedrich Dessauer all'Università di Friburgo.

Il professor Dessauer era nato in Germania nel 1881 ed aveva studiato Fisica all'Università di Francoforte sul Meno, dove si era laureato nel 1917 con una tesi sulla produzione di raggi X ad alta energia.

A quell'epoca la Radiologia era ai suoi inizi. Wilhelm Conrad Röntgen nel 1901 aveva ricevuto il Premio Nobel per la Fisica per la sua scoperta dei raggi X; nel 1903 il Premio Nobel per la Fisica era stato assegnato ad Antoine Henri Becquerel, Pierre Curie e Marie Curie Sklodowska per la scoperta della radioattività spontanea e delle leggi che la governano. Nel 1911 Marie Curie aveva ricevuto il Premio Nobel per la Chimica per aver isolato il Radio ed averne studiate le proprietà chimiche e fisiche.

In questa atmosfera di intensa attività scientifica che pervadeva tutta l'Europa, Dessauer si era dedicato allo studio delle applicazioni mediche dei raggi X, ma allo stesso tempo partecipava alla vita politica della Germania come membro del Partito Cristiano Democratico. Nel 1924 era stato eletto deputato al Reichstag, ma aveva lasciato la Germania nel 1934. Questo era tutto ciò che sapevo al mio arrivo a Friburgo; soltanto molti mesi più tardi appresi altre notizie interessanti sulla sua vita movimentata.

Ero presente assiduamente alle lezioni di Fisica Sperimentale del professor Dessauer, che seguivo con fatica perché in tedesco, ma che mi interessavano sempre più per due ragioni principali: la prima perché di ogni fatto nuovo, di ogni idea che presentava, sembrava sforzarsi di convincere i suoi ascoltatori che le difficoltà sarebbero state facilmente superate, come le aveva superate lui; la seconda era nell'approccio suo particolare alla descrizione delle leggi fondamentali della Fisica, tutto basato sui gradi di libertà e sulle dimensioni delle grandezze interessate. Dentro di me pensavo che quell'approccio alla didattica della Fisica potesse essere esteso ad altri soggetti, e lo sperimentai effettivamente molti anni più tardi quando me ne se presentò l'occasione; ma di questo parlerò in un altro capitolo.

## Rifugiati politici

Nella città di Friburgo viveva un gran numero di rifugiati politici di varie nazionalità; molti erano ebrei, ma ancor più numerosi erano gli ex militari dei reparti dell'esercito italiano disciolti l'8 settembre 1943. Un gruppo più piccolo, ma molto ben caratterizzato, era composto dai partigiani che avevano partecipato alla Repubblica dell'Ossola nell'autunno del 1944.

Questa repubblica era stata fondata il 9 settembre 1944 quando i partigiani della Val d'Ossola avevano sconfitto le truppe fasciste di stanza a Domodossola. Il 10 ottobre queste, con l'aiuto di un grosso contingente di truppe della Wehrmacht, attaccarono con quattordicimila uomini e riconquistarono tutto il territorio della piccola repubblica in due settimane di combattimenti.

Fra i partecipanti al governo della Repubblica dell'Ossola vi era stato anche il professor Gianfranco Contini, nativo di Domodossola, che a quell'epoca ricopriva la cattedra di Filologia Romanza all'Università di Friburgo.

## Guido Perlmutter

Fra gli allievi del professor Dessauer vi era un italiano, Guido Perlmutter, che si trovava a Friburgo da alcuni anni. Da lui appresi molte notizie sul professor Dessauer. La prima cosa che mi disse fu di aver visto una serie di lettere che si erano scambiati nel 1933 Albert Einstein e David Edsall, Preside della Harvard Medical School. In quelle lettere Einstein chiedeva ad Edsall di intervenire presso il governo tedesco affinchè concedesse a Dessauer un visto d'uscita dalla Germania per iniziare una collaborazione scientifica con alcune università americane.

Io non vidi quelle lettere, ma Perlmutter mi assicurò che il preside della Harvard Medical School, prima in modo vago, poi più esplicitamente, aveva rifiutato di intervenire a favore del professor Dessauer. Il motivo, secondo Perlmutter, era che, pur essendo Dessauer un cattolico praticante, i suoi antenati erano ebrei.

Io sul momento non volli credere a questa motivazione; mi pareva che un'istituzione scientifica di alto livello non potesse avere remore di carattere così irrazionale. Soltanto pochi anni più tardi però dovetti ricredermi; mi accorsi che casi di questo tipo, anche se non frequenti, erano certamente avvenuti.

Ritornando al professor Dessauer, quel che non riuscì ad Einstein riuscì al governo turco. L'Università di Istambul creò una cattedra di Fisica Sperimentale e l'offerse a Dessauer; il governo tedesco fu ben lieto di liberarsi da un individuo notoriamente antinazista e la Turchia fu in grado, dopo secoli di regime ottomano, di veder nascere a Istambul un centro di Röntgenterapia fra i più moderni d'Europa.

Quando lo conobbi, il professor Dessauer aveva le mani e il viso coperti di piaghe. I raggi X che aveva studiato per tanti anni avevano lasciato sul suo corpo una traccia indelebile. Eppure non lo udii mai lamentarsi o rimpiangere la scelta fatta.

# CAPITOLO 3: FIRENZE

## Ritorno in Italia

È terminata la guerra; posso tornare a Milano, posso rivedere la mia famiglia, posso riprendere i miei studi. Dovrei esser contento, ma c'è qualcosa in me che è cambiata. All'Istituto di Fisica dell'Università di Milano ritrovo Guido Perlmutter; ha lasciato l'Università di Friburgo per finire qui i suoi studi. Anche lui ha i miei stessi problemi; mi confessa che non riesce ad adattarsi alla vita normale. Lo rivedo spesso e discutiamo sui vari rami della Fisica ai quali potremmo dedicarci. Io sono ancora sotto l'influenza del professor Dessauer e mi vorrei dedicare alle applicazioni mediche della Fisica, ma a Milano i fisici sono per la maggior parte specializzati in raggi cosmici.

Quasi per caso ci troviamo un giorno in una sala nella quale Aldo Capitini e Ferdinando Tartaglia discutevano sul "Problema religioso attuale in Italia". Di Capitini avevo letto qualche anno prima il libro "Elementi di un'esperienza religiosa" pubblicato da Laterza; era un libro che condannava la violenza, sia fisica che morale, quindi sostanzialmente antifascista, ma il termine *religioso* aveva fatto sì che la censura fascista lo ignorasse. Di Tartaglia sia Perlmutter che io non sapevamo assolutamente nulla.

Fra i presenti vi erano molti giovani della nostra età; da loro apprendemmo che Tartaglia, nato a Parma nel 1916, era stato ordinato sacerdote nel

1939, ma nel 1944 era stato interdetto *a divinis* per aver dimostrato simpatia per le tesi moderniste; infine nel 1946 era stato scomunicato *vitando* per aver pronunciato un'omelia per la morte di Buonaiuti. Ci spiegano poi che uno scomunicato vitando, secondo il Diritto Canonico, è una persona che deve essere tenuta a distanza da tutti gli altri fedeli, pena la scomunica.

Vorremmo saperne di più e cerchiamo di conoscere altre persone che possano aiutarci a trovare la risposta a una domanda che non siamo in grado di formulare in modo preciso. Ahimè, una malattia di cui non conoscevo neppure il nome in poche settimane mi priva dell'amico; devo continuare la mia ricerca da solo.

## Pier Carlo Masini

Fra gli ammiratori di Tartaglia ho conosciuto Pier Carlo Masini, antimilitarista e studioso di storia del movimento operaio in Italia; ha soltanto un anno più di me, ma ha già avuto molte esperienze interessanti. Nel 1942 è stato condannato a tre anni di confino per attività antifascista, ma viene liberato dopo un anno quando le truppe angloamericane conquistano la zona dove era confinato nel Matese. Appena possibile ritorna alla sua residenza di San Casciano Val di Pesa in provincia di Firenze, dove entra a far parte del Comitato di Liberazione Nazionale, senza però partecipare a nessuna azione militare. Diventa vicesindaco di San Casciano.

Masini mi invita a casa sua; da lì andiamo a Empoli dove partecipiamo ad un comizio antimilitarista. Il giorno seguente vado a Firenze, dove sono invitato da un giovane amico di Masini, studente di filosofia.

**Aldo Pontremoli**

La famiglia di cui sono ospite a Firenze è particolarmente interessante. Il padre, professore di Ostetricia e Ginecologia all'Università di Firenze, è iscritto al Partito Comunista Italiano; il figlio non è iscritto a nessun partito, anzi nega la funzione dei partiti e considera il Partito Comunista una struttura reazionaria che ha il solo compito di togliere all'individuo la facoltà di agire in modo positivo sugli eventi. Da queste due posizioni nascono in famiglia frequenti discussioni amichevoli.

La madre commenta sorridendo che il comunismo di suo marito consiste nel curare gratis tutte le "compagne" che si rivolgono a lui. Mi invita a passare la notte a casa loro, ma non ha un letto regolare da offrirmi; dormirò nel lettino per gli esami ginecologici. È stretto ma perfettamente adatto per chi come me ha il sonno pesante.

Il giorno seguente apprendo che la signora di cui sono ospite è la figlia di Aldo Pontremoli, il fondatore dell'Istituto di Fisica dell'Università di Milano. Nel 1928 il professor Pontremoli aveva partecipato alla spedizione al Polo Nord del dirigibile Italia comandato dal Generale Umberto Nobile, col compito di studiare la radiazione cosmica a quella latitudine. Il dirigibile aveva effettivamente raggiunto il Polo Nord senza tuttavia potervi atterrare. Nella via del ritorno un uragano imprevisto aveva distrutto il dirigibile; soltanto Nobile e una piccola parte dell'equipaggio si erano salvati. Fra i dispersi vi era Pontremoli con tutta la documentazione scientifica che aveva potuto raccogliere.

**Ferdinando Tartaglia**

Approfitto della mia visita a Firenze per conoscere più da vicino Ferdinando Tartaglia. So che è molto ospitale, perciò mi presento a casa sua senza preavviso sperando di trovarvelo.

Abita in un appartamento molto modesto in via delle Campora; mi accoglie con semplicità e per prima cosa mi invita a dargli del tu. È piccolo di statura, indossa un abito piuttosto logoro, parla poco e a bassa voce. All'inizio devo strappargli le parole dalla bocca, ma appena tocco un argomento che lo interessa diventa un vulcano in eruzione.

Mi parla brevemente di Ernesto Buonaiuti e dei Patti Lateranensi, del Cardinale Ildefonso Schuster e della guerra Italo-Etiopica del 1935, della Democrazia Cristiana e del degrado dei partiti politici italiani, ma dove veramente brilla la sua eloquenza è quando inizia a parlare della necessità di rinnovare dall'interno tutte le istituzioni civili e religiose, senza distinzioni di età, senza barriere confessionali. Gli chiedo se condivide la posizione di Pascal e dei

Giansenisti su libertà e determinismo; mi risponde che bisogna superare anche questo schema e rinnovare dall'interno di ogni individuo le definizioni verbali che sono "fine" anziché "inizio" di un discorso.

Faccio fatica a seguirlo; cerco di confrontare la sua posizione a quella di Capitini. Mi sembra che Tartaglia e Capitini siano ai due poli opposti di un "uomo nuovo" che già esiste ma che fa fatica a riconoscersi perché ha la mente offuscata da tanti schemi prefabbricati che servono soltanto a confondere le idee.

Io so soltanto che vedo di fronte a me aprirsi molte strade, ma non so ancora da quale parte dirigermi.

# CAPITOLO 4: LE CHAMBON SUR LIGNON

**André Trocmé**

In Francia, sul versante orientale del Massiccio Centrale, a circa mille metri di altitudine, c'è un villaggio chiamato Le Chambon sur Lignon; gli abitanti sono circa duemila, per la maggioranza ugonotti. Una delle istituzioni più notevoli di quel villaggio è il Collège Cévenol, fondato nel 1938 dal pastore protestante André Trocmé con l'aiuto della moglie Magda e del pastore Édouard Theis. Durante l'occupazione della Francia da parte delle truppe naziste i residenti di quel villaggio offrirono asilo a migliaia di rifugiati politici, più della metà ebrei, nascondendoli nelle chiese, nelle scuole, nelle fattorie, e preparando documenti di identità e carte annonarie false.

Ho incontrato la signora Magda Trocmé a Milano dove si trova di passaggio per raccogliere fondi per rinnovare il Collège Cévenol. Mi propone di unirmi a un gruppo di volontari che passeranno l'estate a Le Chambon per costruire il nuovo collegio. Non esito ad accettare.

Per ottenere un passaporto devo recarmi a Genova e chiedere alla Capitaneria di Porto un nulla osta all'espatrio. L'Ufficiale di Porto al quale mi rivolgo è molto stupito della mia richiesta; è abituato a esaminare richieste di imbarco su navi battenti bandiera non italiana, ma la richiesta di un ex allievo del Collegio Navale che vuol lavorare in Francia in un paese di montagna non corrisponde a nessuno dei suoi schemi mentali. Impiego due giorni a convincerlo, ma alla fine posso tornare a Milano con il nulla osta e chiedere a quella questura un passaporto per la Francia.

André Trocmé è una persona che mette soggezione e che ispira confidenza allo stesso tempo. Come queste due cose possano stare insieme è difficile spiegarlo. Quello che so è che in sua presenza mi sento piccolo piccolo, ma che se gli rivolgo la parola è pronto ad ascoltarmi e a cercar di capirmi.

Il mio lavoro consiste nello scavare un fosso con piccone e badile, poi trasportare con la carriola su una montagnola il materiale scavato, passando su una lunga asse di legno. L'asse è stretta e la carriola pesante; devo sforzarmi per mantenere l'equilibrio. Le braccia mi dolgono. Al ritorno con la carriola vuota le braccia si riposano, ma quando ricomincio a lavorare col piccone mi duole la schiena.

Dirige i lavori un signore polacco del quale non ricordo il nome. Credo che fosse un reduce dell'armata del Generale Anders. Gli altri lavoratori sono tutti giovani della mia età, di molte nazionalità diverse. Fra gli altri vi è il figlio di Arthur Holly Compton, premio Nobel per la Fisica nel 1927. Non ricordo il suo nome; lo chiamavano tutti Sapristi, perché delle poche parole di francese che conosceva, questa era quella che usava più frequentemente.

La sera dopo cena ci riuniamo tutti su un prato. Il pastore Trocmé racconta qualche storia edificante, poi discutiamo degli eventi della giornata, ma siamo tutti più o meno stanchi e andiamo presto a dormire sotto le nostre tende.

Una domenica, sul solito prato dei nostri convegni, il pastore Trocmé ha letto un sermone, poi ha invitato i presenti a fare dei commenti. Io mi sono fatto coraggio ed ho citato una frase dal quinto capitolo del Vangelo secondo San Matteo: "Se mentre rechi la tua offerta all'altare ti ricordi di essere in lite con tuo fratello, lascia l'altare e va a riconciliarti col fratello". Poi ho commentato: "Non è questo un invito all'ateismo?" "No, è un invito all'ecumenismo", ribatte il pastore. Naturalmente devo dargli ragione, ma non posso fare a meno di pensare a Capitini che un giorno disse: "Io non sono cattolico", poi, dopo una pausa pensosa, "Io non sono cristiano", e certamente intendeva: "... se cristiano vuol dire non mussulmano, o non ebreo, eccetera".

Fra i presenti vi è un buon numero di americani, in prevalenza evangelici, molti francesi, di varie estrazioni politiche e religiose, pochissimi italiani. Tutti pacifisti, ma per ragioni diverse. Io, nel piccolo mondo che si va formando nella mia mente, non so ancora raccapezzarmi; mi sembra che sia inutile cercare di spiegare razionalmente le ragioni di una scelta che viene fatta, il più delle volte, a priori. In fondo per tutte le specie animali, compresa la specie *Homo sapiens*, la probabilità di sopravvivenza aumenta se non vi è conflitto fra gli individui della stessa specie.

Con questa conclusione, anche se modesta, termina il mio soggiorno a Le Chambon. Mi sembra che la mia crisi post-bellica sia terminata e potrò riprendere la mia vita normale con serenità.

## CAPITOLO 5: BUSTO ARSIZIO

**Dottor Protti**

Il dottor Giocondo Protti, grazie al finanziamento di alcuni industriali locali, aveva creato, nell'Ospedale di Circolo di Busto Arsizio, un "Centro per lo Studio e la Cura dei Tumori" che includeva una "Sezione degli Isotopi Radioattivi". Il direttore pro forma era il professor Giuseppe Solaro, primario chirurgo e direttore dell'ospedale, mentre il dottor Protti aveva assunto per sé il titolo di "Direttore dei Laboratori di Biochimicofisica".

I Laboratori di Biochimicofisica erano attrezzati con molti strumenti di analisi e il dottor Protti cercava le persone adatte per metterli in funzione; appena ne venni a conoscenza mi affrettai a presentarmi. Iniziò così il mio primo impiego come ricercatore scientifico.

Più che alla ricerca scientifica, il dottor Protti era interessato all'arredamento della ricerca. La sua massima cura consisteva nel disporre in ogni stanza gli apparecchi di misura in modo che le loro rispettive forme si bilanciassero per formare un tutto armonico.

Una pompa ad alto vuoto era al centro del laboratorio di Fisica e doveva risaltare come un altare. Quella pompa serviva a costruire contatori di Geiger, da usare per misurare l'isotopo $^{131}I$. Un altro isotopo usato per diagnostica era il $^{32}P$, ma quest'ultimo emetteva soltanto raggi beta, per i quali occorrevano contatori a finestra di mica che non era possibile costruire localmente.

## Iodio radioattivo

L'isotopo $^{131}$I era impiegato nel Centro Tumori per misurare l'attività della tiroide. Il suo uso era assai semplice; lo iodio ordinario marcato con l'isotopo radioattivo veniva somministrato in soluzione acquosa ai pazienti, indi la radioattività presente nella tiroide veniva misurata con un contatore di Geiger a brevi intervalli di tempo nella stessa giornata, e a più lunghi intervalli nei giorni seguenti, fino alla sua totale scomparsa. Con i dati ottenuti veniva tracciata una curva rappresentante, in funzione del tempo, la quantità di iodio presente nella tiroide divisa per la quantità somministrata; infine da quella curva il medico incaricato dell'esame ricavava il valore massimo di quel rapporto, e lo chiamava $C_{max}$.

Il mio lavoro consisteva nel preparare le soluzioni di iodio radioattivo, nel controllare il funzionamento dei contatori di Geiger e dei loro alimentatori, e, non ultimo, nel trattare alla Dogana italiana le richieste di importazione del materiale radioattivo. La vera difficoltà, a mio parere, consisteva nell'interpretazione corretta di quel $C_{max}$ al quale i miei colleghi davano tanta importanza. L'interpretazione ovvia era che la parte ascendente della curva, ossia prima del $C_{max}$, rappresentasse la captazione dello iodio da parte della tiroide, e la parte discendente, dopo quel $C_{max}$, la sua rimessa in circolo sotto forma di ormone tiroideo.

A me invece pareva che i due fenomeni, captazione e rimessa in circolo, procedessero di pari passo e non sequenzialmente; in altre parole pensavo che un valore elevato di $C_{max}$ potesse sì indicare una elevata velocità di captazione dello iodio da parte della tiroide, ma potesse anche, con ugual ragione, esser dovuto a una diminuita capacità di sintesi della tiroide stessa.

Dalle lezioni di Matematica del professor Sconzo avevo imparato che ogni stella, o meteorite, in generale qualunque oggetto celeste segue una traiettoria nello spazio, e questa traiettoria ha delle proprietà geometriche, le quali sono la conseguenza delle leggi che governano il moto dei corpi celesti. Ora il compito dell'astronomo è calcolare le traiettorie conoscendo le leggi del moto, oppure scoprire le leggi del moto se sono state osservate le traiettorie.

Il mio compito, una volta ottenute le curve rappresentanti la concentrazione dello iodio radioattivo nella tiroide, era di osservarne le ovvie proprietà geometriche, e da queste ultime determinare le leggi della cinetica dello iodio.

Mi misi all'opera e, usando la matematica imparata in collegio, cercai di risolvere il problema della cinetica dell'isotopo radioattivo. Provai per la prima volta la soddisfazione di veder pubblicati i miei risultati su una rivista scientifica a diffusione internazionale, quale Biochimica et Biophysica Acta.

**Eliseo Quagliozzi**

Nei Laboratori di Biochimicofisica lavorava il dottor Eliseo Quagliozzi, un chimico nato nella provincia di Frosinone che aveva combattuto ed era stato ferito durante la guerra partigiana. Alla fine della guerra per un paio d'anni aveva insegnato Chimica nella Scuola-Convitto Rinascita, una scuola fondata per dare ai giovani che avevano interrotto i loro studi a causa della guerra, la possibilità di completarli.

Quando la Scuola-Convitto Rinascita aveva iniziato a ridurre le proprie dimensioni, il dottor Quagliozzi aveva cercato lavoro in varie industrie chimiche, ma il suo passato partigiano gli aveva fatto trovare molte porte chiuse. Era riuscito a ottenere un posto di lavoro nei Laboratori di Biochimicofisica, ma senza contratto e senza garanzia di continuità.

Aveva qualche anno più di me, poca esperienza di ricercatore, ma una grande curiosità e desiderio di sperimentare cose nuove. Decidemmo di approfittare dell'apparecchiatura che avevamo a disposizione per eseguire un certo numero di esperimenti con l'isotopo $^{64}Cu$. Pubblicammo una esposizione generale del nostro programma sulla rivista "La Chimica e l'Industria", poi con maggiori dettagli i nostri primi risultati sulle riviste internazionali Chimia, Helvetica Chimica Acta, Nature. Ci consideravamo a buon punto quando intervennero i fatti nuovi di cui parlerò più avanti, e che portarono alla chiusura dei Laboratori di Biochimicofisica.

## La luce del sangue

Il dottor Protti aveva in cura alcuni pazienti che trattava con iniezioni endovenose preparate da lui stesso. Le basi scientifiche del suo metodo erano riassunte in un volume pubblicato nel 1931 col titolo "L'emoinnesto intramuscolare e le radiazioni vitali nella vecchiaia e nell'esaurimento" e più tardi, nel 1945, in forma divulgativa nel volume "La luce del sangue".

Alla base delle idee esposte dal dottor Protti in quei due volumi vi erano le ricerche di Alexandr Gurvitsch, un biologo russo che aveva fatto parlare di sé alcuni anni prima dei fatti che ho iniziato a narrare.

Nel 1922 Gurvitsch aveva notato che un germoglio di cipolla cresceva più rapidamente se nelle sue vicinanze vi era un altro germoglio in crescita; più precisamente aveva osservato che se la cipolla veniva tenuta in completa oscurità, crescevano più rapidamente le cellule dal lato dove si trovava l'altro germoglio. Per spiegare questo fenomeno di induzione della crescita, Gurvitsch avanzò l'ipotesi che le cellule in crescita emettessero delle radiazioni che egli chiamò "mitogenetiche". Proseguendo le sue ricerche con diversi materiali biologici, vegetali e animali, normali e patologici, e usando schermi di vario tipo, Gurvitsch concluse che i raggi mitogenetici fossero radiazioni ultraviolette di debolissima intensità, emesse da tutte le cellule in crescita.

Malgrado il fatto che gli esperimenti di Gurvitsch fossero difficili da ripetere, lo studio dei raggi mitogenetici si diffuse rapidamente in Europa; in Italia, fra gli altri, se ne occupò il Prof. Luigi Spolverini, direttore della Clinica Pediatrica di Roma, il quale ricevette un finanziamento dal Consiglio Nazionale delle Ricerche per studiare le applicazioni terapeutiche di quei raggi.

**La donna luminosa**

Un altro episodio che potrei chiamare bizzarro e che in un certo senso si poteva collegare ai raggi di Gurvitsch, era stato descritto da molti giornali con il titolo "La Donna Luminosa". L'8 marzo 1934 Anna Giuseppini in Monaro, una donna di 42 anni, moglie di un pescatore, si trovava nell'Ospedale di Pirano in Istria dove era ricoverata per un attacco di asma. Durante la notte alcune donne che si trovavano nella stanza della Monaro si accorsero che da quel letto partiva una viva luce di cui non sapevano spiegare l'origine; allarmate da quel fenomeno chiamarono l'infermiera di turno, questa chiamò altre suore, poi venne il medico di turno dottor Domenico Sambo; lo stesso fenomeno si ripetè più volte nelle notti successive e potè essere visto da altri testimoni, fra cui vari medici, il pretore, il preside della scuola ed altri testimoni del luogo. L'ultimo episodio avvenne il 19 marzo; poi più nulla.

Il professor Sante De Santis della Clinica Neuropsichiatrica dell'Università di Roma fu incaricato dal Comitato Medico del Consiglio Nazionale delle Ricerche di studiare il fenomeno. Il De Santis fece ricoverare la Monaro nella sua clinica a Roma dal 20 aprile al 2 giugno 1934, dove la sottopose a tutte le possibili indagini fisiche e mediche. Fu anche osservata da Giulio Cesare Trabacchi, direttore del Laboratorio di Fisica dell'Istituto Superiore di Sanità e da Enrico Fermi, professore di Fisica Teorica all'Università di Roma. I risultati di quelle indagini furono pubblicati in un supplemento alla rivista "La Ricerca Scientifica" intitolato "Lo studio clinico e psicologico di Anna Giuseppini in Monaro"; le condizioni fisiche e psichiche del soggetto venivano descritte con grandi dettagli, ma il fenomeno luminoso, non essendosi più manifestato, rimaneva ignorato.

**Fine del Laboratorio**

Malgrado la mancanza di studi approfonditi sui fenomeni descritti da Gurvitsch, ma mai convalidati da misure precise, il dottor Protti era convinto che tutti gli esseri viventi, animali o piante, emettessero radiazioni di vario tipo e di varie lunghezze d'onda. Le sue pubblicazioni ne parlavano in modo chiaro e i Laboratori di Biochimicofisica avrebbero dovuto lavorare per confermare le sue ipotesi. Non mancavano gli scettici, ma vi erano anche molte personalità del mondo scientifico che prestavano credito al dottor Protti. Le visite ufficiali ai Laboratori di Biochimicofisica di eminenti personalità quali il Direttore dell'Istituto Superiore della Sanità, dottor Domenico Marotta, e l'Alto Commissario alla Sanità, dottor Mario Cotellessa, ne erano la prova evidente. Infine, a suggello di questo stato di cose, i Laboratori di Biochimicofisica di Busto Arsizio vennero onorati dalla visita del Presidente della Repubblica Luigi Einaudi.

Io non ero che un giovane senza esperienza all'inizio della carriera scientifica, ma, dentro di me, pensavo che la donna luminosa fosse meglio lasciarla riposare nel luogo in cui si trovava, ossia nelle cronache dei giornali locali. I fatti narrati potevano essere dovuti a fenomeni di bioluminescenza come nelle lucciole oppure a suggestioni collettive, ma non essendo ripetibili dovevano restare fatti di cronaca e non oggetti di studio. In quanto ai raggi mitogenetici, questi sì eran forse ripetibili, ma la gamma di lunghezze d'onda da esplorare era certamente assai vasta e la loro intensità inferiore alla sensibilità degli apparecchi di cui disponevo nei Laboratori del dottor Protti. La valutazione degli effetti biologici di quelle radiazioni poi, se presenti, non sarebbe stata in alcun modo di mia competenza.

Quando, timidamente e con la massima diplomazia di cui fossi capace, feci conoscere al dottor Protti il mio parere sul piano di ricerca al quale voleva avviarmi, la mia posizione nei Laboratori di

Biochimicofisica subì un danno irreparabile; ma prima che potesse giungere alla sua naturale conclusione intervenne un fatto nuovo che né io né alcuno dei miei colleghi ricercatori avevamo previsto. Il gruppo di finanziatori del "Centro per lo Studio e la Cura dei Tumori" decise di chiudere i Laboratori di Biochimicofisica; direttore, ricercatori e tecnici ricevettero una liquidazione e lasciarono il Laboratorio con un preavviso di ventiquattr'ore.

# CAPITOLO 6: TORINO

**Tracerlab**

Nell'inverno del 1955 lavoravo a Milano in un ufficio in via Santa Maria Fulcorina, a pochi passi dalla Piazza degli Affari, dove ha sede la Borsa. Tutt'intorno erano ancora visibili i resti delle case distrutte undici anni prima dai bombardamenti aerei della seconda guerra mondiale. Il mio lavoro consisteva nell'installazione e manutenzione degli apparecchi di misura della radioattività costruiti dalla Tracerlab. Non era certo il mio lavoro preferito, ma mi ci ero adattato dopo tre anni passati all'Ospedale di Circolo di Busto Arsizio, dove avevo iniziato la mia carriera di Fisico-medico sperimentando le nuove tecniche dell'uso di isotopi radioattivi. Come fosse terminato quel lavoro l'ho raccontato nel capitolo precedente; in ogni caso il lavoro che facevo mi permetteva di tenermi al corrente delle nuove tecniche e non avevo ragione di lamentarmi.

Un bel giorno sento bussare alla porta. Si presenta il Dottor Gian Luigi Turco della Clinica Medica dell'Università di Torino; è tornato da poche settimane dal California Institute of Technology dove ha passato un anno di studio. Vuole organizzare una sezione di Medicina Nucleare all'Università di Torino e mi chiede se voglio aiutarlo in questo progetto. Non ho nessun dubbio: accetto l'invito e il giorno seguente sono a Torino per discutere i dettagli del suo progetto. Ma vi è di più in questa mia visita a Torino;

il dottor Turco vuol presentarmi a un suo amico che lavora nell'Istituto di Farmacologia, ed è anch'egli interessato a misure di radioattività.

Andiamo insieme all'Istituto di Farmacologia, a poca distanza dalla Clinica Medica, in una di quelle palazzine stile Liberty costruite all'inizio del secolo scorso nei pressi del Parco del Valentino. L'amico farmacologo è il dottor Giorgio Segre, assistente del Professor Emilio Beccari.

## Giorgio Segre

Sia il professor Beccari che il dottor Giorgio Segre erano interessati nella cinetica dei farmaci, ossia nello studio della velocità con cui i vari farmaci vengono assorbiti dall'organismo, si distribuiscono nei vari organi, e infine vengono eliminati per diverse vie. Questo soggetto qualche anno più tardi venne chiamato Farmacocinetica; a quel tempo non aveva un nome specifico, ma la sostanza era la stessa. Naturalmente tutti i farmacologi sapevano che i farmaci vengono assorbiti, distribuiti, eliminati, e che questi processi hanno una velocità, e che tale velocità deve essere determinante nella previsione degli effetti dei vari farmaci; tuttavia il passaggio dallo studio qualitativo allo studio quantitativo di un fenomeno biologico richiede uno sforzo che non tutti i biologi sono pronti ad affrontare in modo sistematico.

## La cinetica dei farmaci e dei traccianti radioattivi

Quella visita fu un evento cruciale nella mia vita. Giorgio Segre aveva soltanto un paio d'anni più di me, ma aveva già molte pubblicazioni scientifiche a suo nome ed era prossimo alla nomina a Professore Straordinario, mentre io non ero che un tecnico capace (quando ero fortunato) di riparare degli strumenti di misura. Tuttavia, con mia grande sorpresa, Giorgio Segre mi chiese se ero disposto ad aiutarlo a risolvere alcuni problemi di cinetica ai quali stava lavorando in quei giorni. La proposta era lusinghiera ed accettai senza esitazione.

Da quel giorno iniziai una serie di viaggi di andata e ritorno fra Milano e Torino; due o tre volte al mese trovavo qualche scusa per lasciare il mio lavoro retribuito e recarmi da Giorgio Segre. Sapevo ben poco di cinetica e nulla di farmacologia, ma avevo una gran voglia di imparare e un ottimo maestro a mia disposizione.

Sul soggetto che volevamo approfondire non esistevano molte pubblicazioni. Nel 1937 Torsten Teorell dell'Università di Uppsala aveva pubblicato due articoli sul problema generale della distribuzione dei farmaci nell'orgasnismo; nel 1938 C. Artom, G. Sarzana ed Emilio Segré dell'Università di Palermo avevano studiato in vivo la cinetica del fosforo usando l'isotopo radioattivo $^{32}P$. Non vi era molto altro materiale da cui iniziare uno studio sistematico del problema che ci premeva risolvere.

Quel che mancava nella letteratura che avevamo consultato era un trattamento del soggetto fatto in modo sistematico e da un punto di vista generale. Ero convinto che, come aveva osservato Maxwell più di cent'anni prima, il primo passo nello sviluppo di tutte le scienze naturali consiste nella scoperta di un insieme di grandezze da cui i fenomeni osservati dipendono. Il secondo passo è la scoperta delle relazioni matematiche fra quelle grandezze. A questo punto non resta che determinare le condizioni sperimentali più adatte a misurare quelle grandezze per poi verificare se le relazioni osservate coincidono con quelle calcolate.

**La funzione di trasferimento**

Nell'Istituto di Farmacologia dell'Università di Torino vi era una macchina calcolatrice analogica che il professor Beccari usava per studiare la diffusione di alcuni farmaci nell'organismo. Quella macchina comprendeva un certo numero di amplificatori operazionali che potevano essere collegati in diversi modi per simulare le equazioni integrali di vario tipo che descrivono i fenomeni di diffusione. Il nucleo di quelle equazioni era la funzione di trasferimento del circuito elettrico formato dagli amplificatori operazionali connessi fra loro.

Da questa osservazione ci venne l'idea di descrivere le proprietà farmacocinetiche di un farmaco nell'organismo mediante una funzione di trasferimento. Se pensiamo l'organismo come una macchina (ricordate Cartesio?), questa macchina ha un ingresso, il farmaco da somministrare, e un'uscita, il farmaco nell'organo di destinazione. Entrata e uscita sono due funzioni che possiamo osservare e descrivere; la relazione fra queste due funzioni è la funzione di trasferimento del farmaco in quell'organismo. Tutte le proprietà cinetiche di un farmaco possono essere ridotte allo studio di una particolare funzione di trasferimento.

    Giorgio Segre avanzò una proposta ambiziosa: mettiamo tutte queste idee in bella forma e pubblichiamole in un libro. Sul momento giudicai l'idea semplicemente folle. Le idee nella testa non mi mancavano, ma metterle per scritto è ben altra cosa. Mi vedevo correr innanzi agli occhi integrali, derivate, equazioni, tabelle fitte di numeri e di simboli, ma come collegare il tutto in bella forma, come render chiaro il passaggio da una formula a un'altra, come rendere evidente la scelta di un simbolo per rappresentare un'idea? Avevo letto in Pascal (De l'esprit géométrique) che l'arte di persuadere consiste nel definire ogni concetto, indi sostituire mentalmente ogni definizione a ciascun concetto definito. L'idea è semplice, ma non sapevo da dove cominciare. Ma neppure avevo il coraggio di rifiutare.

    Scarabocchiai qualche idea su un foglio; al mio prossimo viaggio a Torino lo consegnai a Giorgio Segre, che mi consegnò un foglio sul quale aveva scarabocchiato qualche idea. Raddoppiai la frequenza dei miei viaggi a Torino. Ad ogni incontro ci scambiavamo le rispettive note, che poi con calma studiavamo nelle nostre rispettive abitazioni. Quando queste note raggiunsero una dimensione sufficiente le divisi in capitoli, poi incollai fra loro le diverse pagine di ogni capitolo in modo da poter leggerle tutte di seguito senza interruzioni. Ad un certo punto avevo a disposizione molte strisce di fogli incollati fra loro, una striscia per capitolo. Per poter studiare e correggere i vari capitoli senza interruzioni, avevo appeso queste strisce alle pareti della mia stanza, che aveva in tal modo assunto un aspetto peculiare. Quelle strisce, che chiamavo "i miei panni al sole", davano a quella stanza un aspetto tutto speciale; per mia moglie e per me erano un raggio di speranza.

    Dopo un anno passato a incollare, correggere, tagliare, incollare di nuovo, Giorgio Segre ed io ebbimo la sensazione di aver finalmente capito come usare il concetto di funzione di trasferimento in farmacocinetica. Mentre la presenza di un farmaco in un dato organo è ovviamente definita come "concentrazione in funzione del tempo", vi sono altre grandezze importanti, quali il "tempo di trasferimento" da un organo ad un altro, il "tempo di uscita" da un organo, la "velocità di rinnovamento", e così via. Tutte queste grandezze, e molte altre facili da definire, possono essere calcolate, con metodi grafici e analitici, partendo dalla funzione di trasferimento, la quale a sua volta può essere calcolata partendo dai dati sperimentali normalmente disponibili.

A questo punto Giorgio Segre ed io decidemmo di aver raggiunto lo scopo prefissoci ed inviammo il nostro manoscritto ad un editore che lo pubblicò col titolo "La Cinetica dei Farmaci e dei Traccianti Radioattivi".

**Borsa di studio**

I miei viaggi a Torino erano terminati. Sapevo finalmente che l'idea di Giorgio Segre, dopo tutto, non era folle; avevo acquistato una preziosa esperienza in un nuovo soggetto, e non ultimo vantaggio, ricevetti un'offerta dalla University of California a Berkeley di una borsa di studio di un anno, la mia prima posizione in un ambiente accademico.

# CAPITOLO 7: BERKELEY

**Arrivo a Berkeley**

Un invito a passare un anno a Berkeley alla University of California è un onore che non ho un attimo di esitazione ad accettare; ma per prima cosa occorre ottenere un visto d'entrata negli Stati Uniti. Mi reco al Consolato Americano a Milano, presento la mia domanda al Console, il quale mi invita a tornare la settimana seguente.

La settimana seguente mi reco al Consolato per ritirare il mio visto, ma il visto non è pronto. Il Console deve ancora svolgere delle indagini; vuol sapere se conosco il signor Lopez.

Lopez! Chi era costui? Non ne ho la minima idea. Non mi resta che aspettare. Sono nervoso; per calmarmi decido di andare al Parco Nazionale Svizzero con moglie e figlio. Una settimana vola via come il vento. Al mio ritorno a Milano il visto per tutta la famiglia è pronto.

Arrivo a New York il 17 luglio 1961 in un Boeing 707 della TWA, compagnia aerea ora defunta, e lì ho la mia prima sorpresa. Credevo di conoscere l'inglese perché leggevo libri e riviste e ascoltavo dei dischi in quella lingua; ma alla dogana di New York non capisco una parola. Mi muovo come un automa, sempre seguito da moglie e figlio che si fidano di me. Bene o male passo attraverso la dogana; ora devo cambiare terminale e trovare il volo per San Francisco. Anche questa nuova fatica è superata.

Nel nuovo Boeing 707 diretto a San Francisco posso finalmente riposarmi. Voliamo verso Ovest; la giornata si allunga, sembra che il sole non debba mai tramontare. Arriviamo a San Francisco, dopo tante ore di viaggio, ed è ancora giorno. Qui inizia un nuovo problema: da San Francisco devo andare a Berkeley. Trovo un tassista che con molta pazienza e molti gesti comprende il mio problema e mi porta in un albergo a pochi passi dall'ingresso principale della University of California.

La mattina seguente inizia la mia carriera universitaria.

Mi presento al mio "supervisor", il dottor Cornelius Antony Tobias, direttore della Sezione di Biofisica del Donner Laboratory e Professore di Fisica Medica. È ungherese di nascita ma si trova negli Stati Uniti dal 1939. Finalmente una persona che parla in modo comprensibile! I miei colleghi americani mi diranno più tardi che Toby (così è chiamato affettuosamente da colleghi e studenti) parla un inglese grammaticalmente corretto ma con un pessimo accento; è proprio questa la ragione per cui Toby è l'unica persona che capisco senza fatica.

Toby mi assegna, in un edificio staccato del Donner Laboratory, una stanza con una scrivania, una sedia, uno scaffale e un telefono; mi fa avere dalla sua segretaria una tessera per prendere in prestito libri dalla Biblioteca Centrale dell'Università, indi con un sorriso di benvenuto mi invita a iniziare a lavorare.

Lavorare… A scuola mi avevano insegnato ad eseguire gli ordini, non a decidere. Non mi ero mai trovato in una situazione simile. Eppure da qualche parte devo cominciare.

Ora ho preso posto nel mio ufficio; nella stanza a fianco vi è un ingegnere di origine italiana, in quella di fronte un giovane dottorando egiziano. L'ingegnere si chiama Nick Yanni; probabilmente all'origine il cognome era più lungo, ma è stato semplificato per renderlo più facile da pronunciare. Bussa alla porta e mi dà il benvenuto con grandi effusioni di amicizia. Parla perfettamente l'inglese, per cui stento a capirlo; mi dice di conoscere l'italiano, perché lo parlava con i genitori, ma in realtà parla calabrese che è ancor più difficile da capire. Non importa. Tutto si supera con un po' di buona volontà. Si offre di aiutarmi a trovar casa: non posso vivere a lungo in albergo.

Con la sua automobile andiamo a prelevare mia moglie e mio figlio all'albergo, poi tutti insieme ci rechiamo in un ufficio dell'Università che ha il compito specifico di aiutare studenti, professori, ricercatori e visitatori a trovare un alloggio conveniente. Il resto della giornata è speso nella ricerca di un alloggio. E così si completa la mia prima giornata di ricercatore universitario.

## Primo seminario

È passata una settimana. Ho conosciuto altre persone. Ho anche ascoltato un seminario tenuto da uno scienziato molto importante, ma del quale non sono riuscito a riconoscere il nome. Mi pareva che il soggetto fosse "Adamo", ma non riuscivo a capire che relazione vi potesse essere fra il Libro della Genesi e la Biofisica. A seminario terminato ho deciso di rivolgermi a Nabil Amer, il dottorando egiziano nell'ufficio accanto al mio, per avere qualche spiegazione supplementare. Nabil è molto gentile; mi spiega che anche lui ha avuto all'inizio difficoltà simili alle mie. Adamo non c'entrava, c'entravano soltanto le proprietà di un *atomo* sottoposto a radiazioni gamma.

Ora è il mio turno. Toby mi chiede di presentare un seminario, naturalmente non a tutto il Dipartimento, ma al gruppo ristretto di Fisica Medica. Sono terrorizzato, ma faccio finta di esser calmo ed accetto la proposta con naturalezza. Ho una settimana di tempo per prepararmi.

Corro in biblioteca e sfoglio nervosamente libri e riviste per trovare un argomento per il mio seminario. Passano così alcuni giorni, la data fissata si avvicina, e non ho ancora trovato nulla di presentabile.

È inutile continuare a cercare altrove. Devo usare del materiale già pronto. Prendo il mio libricino di farmacocinetica, scelgo una formula non troppo semplice da sembrar banale, non troppo complicata da recar confusione, immagino per un momento di essere il professor Sconzo che spiega ai suoi allievi come ottenerla in più modi diversi, perché un metodo è più elegante di un altro, quante conclusioni se ne possono ricavare, e così via.

Con questo programma in mente, il giorno fissato per il seminario mi presento davanti al gruppo dei professori, assistenti e dottorandi di Fisica Medica. Cerco di dimenticare di essere di fronte a degli studiosi, alcuni giovani, altri anziani, ma tutti competenti nella materia in oggetto; mi immagino di essere di fronte a un collega della mia età e della mia competenza, voglio condividere con lui il piacere che mi procura quella formula e invitarlo ad approfondirne il significato. Parlo per un'ora esatta.

Alla fine ho la gola secca, mi reggo in piedi a fatica, ma fingo di essere calmo. Dentro di me penso che mi avrebbe giovato aver seguito, negli anni di liceo, un corso di recitazione ed uno di inglese, al posto di tanti altri soggetti dei quali non ricordo neppure il nome. Ma ormai è tardi e devo accontentarmi e improvvisare le competenze che non ho.

Al termine del seminario ognuno se ne va per i fatti suoi. Il giorno seguente il dottor James Beck viene a trovarmi; è laureato in medicina ma non vuol fare il medico; ha deciso di prendere un Ph. D. in Biofisica e vorrebbe lavorare con me. Accetto volentieri; la nostra collaborazione durerà molti anni.

Toby non ha fatto nessun commento sul mio seminario, ma dopo qualche giorno mi fa sapere che, se voglio, posso rimanere a Berkeley oltre l'anno che mi era stato offerto inizialmente.

**Scuola a El Cerrito**

Devo pensare a una scuola per mio figlio. Ha nove anni, ma non sa una sola parola di inglese. Abbiamo affittato una casa a El Cerrito, un sobborgo di Berkeley dal quale posso raggiungere l'Università con un autobus. La scuola elementare è a pochi passi; mi ci reco con mio figlio. Temo mi chiedano un certificato di nascita, uno di residenza, un altro di vaccinazione, e non so quanti altri documenti che non sarà facile procurare.

Niente di tutto questo. Non ci vuole nessun documento. Se mio figlio si presenterà a scuola il 5 settembre, penserà il direttore a sistemarlo nel modo più conveniente. Arriva il 5 settembre; mio figlio viene fatto sedere in un'aula con altri venticinque bambini e una maestra di nome Teresa Parella.

Miss Parella è nata in America da genitori piemontesi; non parla italiano ma lo capisce. Quel che avvenne poi non so descriverlo; so soltanto che prima di Natale mio figlio era allo stesso livello scolastico di tutti i suoi coetanei, ed io me ne servivo come interprete.

Un'altra cosa avevo scoperto in quell'occasione. Negli Stati Uniti non vi è un'anagrafe dalla quale farsi rilasciare un certificato di residenza; ognuno può risiedere dove vuole, e se proprio fosse necessario dimostrare di abitare in un posto piuttosto che in un altro, basterebbe mostrare la bolletta della luce o del gas, o qualche cosa di simile. Per la stessa ragione nessuno riceve un certificato elettorale; chi vuol votare deve iscriversi di sua iniziativa nelle liste del luogo dove risiede.

**Organizzazione**

Ho messo un po' di tempo a orientarmi, ma ora comincio a rendermi conto con più precisione dell'organizzazione della quale ho iniziato a far parte. La University of California è un ente dello stato della California che amministra più di un Campus ed alcuni laboratori di ricerca.

Il Campus di Berkeley, dove si trova il mio ufficio, copre un'area di quasi cinque chilometri quadrati e comprende molti edifici di stile vagamente neoclassico; fra un edificio e l'altro vi sono viali alberati, prati, aiole fiorite; vi domina il profumo degli eucalipti. Il tutto contribuisce a creare uno stato d'animo euforico e invoglia alla contemplazione della natura.

Sul lato Est del Campus vi è una collina sulla quale si trovano i vari edifici che compongono il Lawrence Radiation Laboratory. Questo laboratorio è proprietà del governo federale degli Stati Uniti, ma è amministrato dalla University of California. Fu fondato nel 1931 da Ernest Orlando Lawrence, inventore del ciclotrone, premio Nobel per la Fisica.

Nel 1934 a Ernest Lawrence si unì Edwin Mattison McMillan, un giovane fisico appena laureato a Princeton. McMillan, studiando la fissione dell'isotopo dell'Uranio $^{239}U$, ottenne un nuovo elemento chimico, il numero 93 nella tabella di Mendeleev, e lo chiamò Nettunio. Nel 1950 costruì un nuovo acceleratore di particelle, il sincrotrone, col quale ottenne altri elementi transuranici, che gli fruttarono, insieme a Glenn Seaborg, il premio Nobel per la Chimica. Quando nel 1958 Ernest Lawrence morì, McMillan gli succedette alla direzione del Lawrence Laboratory.

John Hundale Lawrence, fratello di Ernest Lawrence, laureato in medicina alla Harvard Medical School, aveva iniziato a sperimentare la cura della leucemia e policitemia usando un isotopo radioattivo del fosforo prodotto con il ciclotrone inventato dal fratello. In seguito ai successi clinici ottenuti con questo isotopo, un filantropo di Philadelphia, William Donner, il cui figlio era morto di cancro, donò una grossa somma di denaro per la costruzione di un istituto di ricerca sull'uso medico delle sostanze radioattive; questo istituto, diretto da John Lawrence, venne costruito sul lato Nord Est del Campus di Berkeley ed iniziò la sua attività nel 1942.

University of California, Lawrence Radiation Laboratory, Donner Laboratory sono tre enti diversi, ciascuno con un proprio bilancio, ma in stretta collaborazione fra loro. Il mio stipendio proviene da fondi diversi dei quali non conosco neppure il nome; vi è un amministratore che si occupa della parte finanziaria. A me tocca soltanto studiare e mostrare di tanto in tanto, con seminari e lezioni, che sto occupando il mio tempo in maniera vantaggiosa.

**New York Academy of Sciences**

Sono passati pochi mesi dal mio arrivo a Berkeley quando ricevo una lettera con la quale vengo invitato a presentare una relazione all'Accademia delle Scienze di New York sulla cinetica dei traccianti radioattivi. Mi chiedo come facciano a sapere che risiedo a Berkeley; non trovo una risposta soddisfacente, ma quel che importa è che son contento di poter incontrare altre persone interessate nel soggetto che sto studiando.

È l'occasione buona per presentare qualche cosa di nuovo agli studiosi di Cinetica. Non posso ripetere quello che ho già scritto nel libro pubblicato con Giorgio Segre; occorre qualche novità.

Son fortunato; pochi giorni prima avevo trovato un nuovo libro appena pubblicato da un matematico polacco, Ian Mikusinski, che descriveva un approccio algebrico al calcolo infinitesimale. Sono sicuro che se Isaac Newton, centottant'anni fa, avesse letto quel libro, avrebbe scritto i suoi "Principia" in una forma assai più leggibile di quanto non sia per noi oggi. Non mi dovrebbe esser difficile adattare il metodo di Mikusinski ai problemi attuali della cinetica.

Arrivo a New York la sera precedente la mia relazione e prendo alloggio nello stesso albergo nel quale si svolgeranno le sedute dell'Accademia. La mattina mi sveglio di buon'ora e dalla finestra della mia camera vedo il Central Park; è una macchia di verde in mezzo ai grattacieli che mi invita a una passeggiata. Un giretto in quel parco ha un'azione terapeutica che mi distende i nervi e mi aiuta a riordinare le idee in vista di una giornata che prevedo molto intensa. Più tardi i miei colleghi criticheranno la mia imprudenza: "Ma non sai che è pericoloso transitare nel Central Park durante certe ore?" No, non lo sapevo, ma, a posteriori, son contento di non averlo saputo.

Arriva il momento della mia relazione. Ho a disposizione una lavagna luminosa con la quale posso proiettare molte formule preparate in precedenza che parlano più chiaro di un lungo discorso nella lingua che i miei colleghi americani chiamano scherzosamente "broken English".

Mi sforzo di dimostrare che non è necessario usare, come nel libro scritto con Giorgio Segre, le trasformate di Laplace, le quali richiedono un'integrazione nel campo complesso e un passaggio al limite che non sempre esiste. È sufficiente e molto più semplice, come suggerito da Mikusinski, usare un metodo algebrico col quale la funzione di trasferimento si ottiene mediante le operazioni di addizione, moltiplicazione, inversione.

La mia relazione dura 45 minuti ed è seguita dalla discussione alla quale partecipano molte persone, e che per me è più importante della relazione stessa. A questo punto emergono diversi punti di vista, che con buona approssimazione possono essere suddivisi in tre categorie.

La prima categoria è costituita da coloro che vedono la matematica non come una scienza, ma come un'arte con la quale si possono dire molte cose con poche parole. Naturalmente per intendere quelle parole occorre prima definire un linguaggio; ma il linguaggio matematico non è nulla di più che una espansione della logica elementare.

La seconda categoria è costituita da coloro che si ostinano a considerare la matematica uno strumento utile ma da accettare con cautela perché difficile da interpretare correttamente.

La terza categoria infine comprende, per fortuna, soltanto una minoranza di studiosi, i quali sono convinti che il linguaggio matematico non si possa applicare alle scienze naturali, le quali richiedono un linguaggio loro proprio.

Alla fine della discussione spero di aver convinto un certo numero dei partecipanti a trasferirsi dalla seconda alla prima categoria. Per la terza categoria non credo vi sia molto da sperare!

Anche questa giornata passa; ho conosciuto molti nuovi colleghi, ma la maggior sorpresa è la presenza, fra il pubblico della prima giornata, di Giorgio Segre. Con lui passo la sera discutendo del passato, del presente e del futuro della Farmacocinetica. Passeggiamo per New York senza una meta precisa; a tarda sera ci accorgiamo di esser finiti, senza saperlo, a Wall Street, davanti al New York Stock Exchange.

La seconda giornata è dedicata ad altre relazioni e la sera si conclude con una cena a cui partecipano tutti i relatori. Al termine della cena una signora che aveva ascoltato tutte le relazioni mi offre di andare con lei al bar a prendere un "drink". Mi scuso dicendo che non ho sete. Forse la mia risposta non è apprezzata nel suo giusto significato, ma sono stanco e me ne vado nella mia camera dove mi addormento in pochi minuti.

**Party al Radiation Laboratory**

È giorno di festa. Il dottor McMillan ha deciso di invitare gli ultimi arrivati fra ricercatori e studenti per dar loro il benvenuto al Lawrence Radiation Laboratory. Con mia moglie mi reco sulla collina dove sorge l'edificio centrale del laboratorio. Già il semplice fatto di salire su quella collina è causa di emozione. Sappiamo che lì sono state fatte molte delle ultime importanti scoperte della Fisica e della Chimica, che vi lavorano scienziati famosi in tutto il mondo, che per entrarvi occorre un permesso speciale che viene concesso soltanto dopo un accurato esame preliminare.

L'anfitrione ufficiale dovrebbe essere il dottor McMillan, ma se ne sta un po' in disparte; sembra essere timido, ma forse è soltanto stanco.

Gli onori di casa in realtà li fa la signora McMillan. È piccola di statura, vestita di un abito vaporoso, volteggia da un ospite all'altro come una libellula, sorride e offre rinfreschi a tutti i convenuti.

La signora Lawrence è meno espansiva, ma si sforza di mettere tutti gli ospiti a loro agio; il dottor Lawrence, che mi ha visto una volta sola prima di quel giorno, mi riconosce subito e si informa dei progressi che ho fatto in quei primi mesi.

Fra gli ospiti noto in particolare una giovane studiosa giapponese; si chiama Yukiko Tagami, è piccolissima di statura ma ha uno sguardo autoritario che mette soggezione. Considera suo dovere salutare ad uno ad uno tutti i presenti; passa decisamente da uno all'altro e onora tutti con molti profondi inchini. Quando è il turno di Toby, che è molto alto e che si sente in dovere di ricambiare gli inchini, ho l'impressione di essere in un campo di frumento dove le spighe vengono mosse dal vento.

**Seminari al Donner**

Tutti i lunedì pomeriggio il gruppo di Toby si trova in un'auletta del Donner Laboratory per ascoltare un seminario tenuto da uno dei componenti del gruppo o da un invitato esterno. Per me questi seminari sono utilissimi. Se l'argomento mi è familiare, ho modo di controllare se ne ho veramente compreso tutti i dettagli; se l'argomento è nuovo per me, mi giova distrarmi ogni tanto dai problemi di tutti i giorni, ed è anche possibile che trovi un nuovo interessante argomento di studio.

Questo è il caso quando Nabil Amer, il dottorando egiziano, parla degli esperimenti che sta facendo con il *Tribolium confusum*, un coleottero che infesta la farina ed altri prodotti a base di cereali. Questo minuscolo insetto è assai sensibile alle radiazioni ionizzanti, le quali gli provocano deformazioni nello sviluppo delle ali. Nabil con la collaborazione della NASA (National Aeronautic and Space Administration) ha inviato un gran numero di larve di *Tribolium confusum* in un pallone aerostatico che è rimasto per molti giorni a grande altitudine nel cielo del Labrador. Le deformazioni delle ali e delle elitre degli insetti le cui larve furono esposte alle radiazioni cosmiche sono molto evidenti; ma la maggior sorpresa ottenuta da questi esperimenti è che, se le larve sono sottoposte a un campo magnetico costante per qualche ora, l'effetto delle radiazioni è notevolmente attenuato.

Io non sono in grado di spiegare l'effetto radioprotettivo del campo magnetico, ma la velocità con cui questo coleottero si riproduce mi suggerisce di usarlo per lo studio della dinamica di popolazioni. Sfogliando la letteratura trovo che sono già state fatte delle osservazioni di questo tipo sul *Tribolium confusum*, ma anche su un altro coleottero dello stesso genere, il *Tribolium castaneum*. Queste due specie competono fra loro per lo stesso cibo dando luogo a una dinamica che è difficile spiegare senza l'aiuto di un opportuno apparato matematico.

Ancor più interessanti sono gli analoghi studi compiuti quarant'anni fa da Vito Volterra sulla popolazione ittica del Mare Adriatico; decido di approfondire questo problema e nelle mie ore libere scrivo alcune note che verranno poi pubblicate sul Bulletin of Mathematical Biology, e che, qualche anno più tardi, mi apriranno le porte dell'Università del Witwatersrand. Ma di questo parlerò in dettaglio in un altro capitolo.

## Italiani in California

Gli italiani sono molto numerosi in California e provengono da tutte le parti d'Italia. A San Francisco, poi, vi è un intero quartiere occupato da negozi italiani e attraversato da una strada che porta l'insegna "Corso Cristoforo Colombo."

Alla University of California a Berkeley ci sono molti professori italiani o di origine italiana. Fra tutti il più noto è Emilio Segré che ricevette nel 1959 il premio Nobel della Fisica per la scoperta dell'antiprotone. Io lo conoscevo soltanto di nome per un lavoro che aveva pubblicato nel 1938 quando era professore di Fisica all'Università di Palermo. In quel lavoro, che mi era stato molto utile all'inizio dei miei studi di Farmacocinetica, Emilio Segré studiava la cinetica del fosforo in tessuti animali mediante l'isotopo $^{32}$P. Poco dopo la pubblicazione di quel lavoro dovette lasciare la cattedra di Palermo e l'Italia a causa delle leggi razziali e si stabilì a Berkeley per iniziare una nuova carriera di ricercatore.

Lo conosco di persona nella sua casa di Orinda, una cittadina a pochi chilometri da Berkeley, insieme ad amici di molte nazionalità. Parla un inglese perfetto, ma in tutte le lingue è possibile trovare dei trabocchetti; nel suo caso parlando di "ostriche", che in inglese si chiamano *oyster*, le chiama *ostrich*, che sono struzzi. Ma questo certamente lo rende più umano, perciò più amabile!

In un altro contesto ricordo di aver una volta incontrato a El Cerrito un signore nato in provincia di Benevento e immigrato negli Stati Uniti da circa quarant'anni. Aveva fatto tutti i mestieri possibili: sterratore, falegname, giardiniere, anche distillatore clandestino. Si vantava di non aver mai perso, in tanti anni, un solo giorno di lavoro.

Mi dice: "Mi sono fatto l'automobile, e nell'automobile c'è una radio". Poi timidamente aggiunge: "Voi in Italia avete la radio?" "Sì, abbiamo la radio", rispondo, ma dentro di me provo una gran vergogna; il signore che ho di fronte ha lavorato quarant'anni per "farsi" l'automobile con la radio, ed io che ho trovato tutte le porte aperte innanzi a me, che meriti ho per aver ottenuto in pochi mesi la posizione in cui mi trovo?

A un novizio come me sembra strano, ma mi devo convincere che a Berkeley, nel mezzo della California, è difficile incontrare un californiano. McMillan, direttore del Lawrence Radiation Laboratory, è una delle rare eccezioni; è nato a Redondo Beach in California, ma John Lawrence, direttore del Donner Laboratory, è nato nel South Dakota, Toby è ungherese, Emilio Segré italiano, Glaser è nato a Cleveland, Ohio, e così via; gli studenti poi provengono da tutte le parti del mondo, gli americani sono una minoranza, e in tre anni di soggiorno a Berkeley ne incontrai soltanto uno nato in California.

## Chao Yuen Ren

Mia moglie ed io abbiamo deciso di cambiar casa. All'apposito ufficio dell'Università troviamo che il professor Chao Yuen Ren offre in affitto uno chalet situato sulla collina che sorge a poca distanza dal Donner Laboratory. È descritto come casa a due piani con sala da pranzo, cucina, due camere da letto e un bagno, che il professsor Chao ha fatto costruire in un lotto di terreno dietro alla casa dove abita. Andiamo insieme a vederlo.

Dalla strada lo chalet non è visibile. Per raggiungerlo occorre salire una cinquantina di gradini parte di granito e parte di cemento, attraverso un boschetto di sequoie. Non sono le sequoie giganti che si possono ammirare nella penisola a sud di San Francisco, ma sono le *Sequoia sempervirens* dal pregiato legno fibroso di color rosso, con un forte odore caratteristico. Non impieghiamo molto tempo a decidere di trasferirci lì. Oltre alla bellezza del posto, io sarò più vicino al mio luogo di lavoro e mio figlio potrà frequentare una ottima scuola a pochi passi di distanza.

Il professor Chao è un insigne orientalista che ha raggiunto i limiti di età per l'Università, ma è stato richiamato per tenere dei corsi speciali di lingua cinese. La sua carriera non è affatto tipica. Aveva iniziato i suoi studi in Cina, per completarli all'Università di Harvard con un Ph. D. in Matematica. Al suo ritorno in Cina nel 1920, data la sua ottima conoscenza della lingua inglese, era stato incaricato di preparare i futuri insegnanti di inglese nell'Università di Tsing Hua, un sobborgo di Pechino. Aveva lasciato la Cina nel 1938 e dopo aver insegnato Cinese all'Università di Honolulu, si era trasferito definitivamente a Berkeley nel 1947.

La signora Chao è una persona altrettanto interessante. È nata in Cina in una famiglia con molti figli; un suo zio, sposato ma senza figli, ottenne il privilegio di allevarla in casa propria come fosse sua figlia, ma la trattò come se fosse un figlio. Non so bene quali siano in Cina, o meglio quali fossero allora, le differenze fra l'educazione d'un maschio e d'una femmina; so però che appena raggiunse i diciotto anni di età andò in Giappone e si laureò in medicina. Quando i suoi genitori le trovarono un marito, com'era l'uso corrente, lo rifiutò e sposò invece il professor Chao, con gran scandalo di tutta la parentela. Lui uno studioso di Matematica e di Linguistica, avvezzo all'analisi e alla soluzione dei problemi da un punto di vista generale, lei di carattere deciso e più interessata ai problemi particolari che a quelli universali, formavano la coppia perfetta.

Io del professor Chao ammiravo l'abilità di cogliere in ogni frase tutti i significati possibili e di poter con poche e semplici parole render chiaro un concetto apparentemente difficile da esprimere. Mi mostrò una volta la sua traduzione in lingua cinese della poesia "Jabberwocky" nel primo capitolo di "Alice attraverso lo specchio" di Lewis Carroll. Io non conoscevo neanche una parola di Cinese, ma ero da tempo un ammiratore del Jabberwocky; dalla sua spiegazione di come avesse usato gli ideogrammi per rendere i concetti di quella poesia, mi venne immediatamente il desiderio di studiare il Cinese per poter meglio capire il "Tao Te Ching" che avevo letto anni prima in una traduzione italiana.

Della signora Chao avevo letto un libro di cucina intitolato "Come cucinare e mangiare in cinese"; in realtà la signora aveva scritto le ricette, mentre il marito aveva completato la narrativa per renderne la lettura più amena. Che la signora Chao fosse una buona cuoca ne ebbi la prova sicura. Un giorno ebbe in regalo da amici dei pesci pescati nella baia di San Francisco. Non so che pesci fossero, ma dall'aspetto mi pareva fossero carpe. La signora Chao li appese per la coda con delle mollette alla corda alla quale usava appendere il bucato, e li lasciò lì per alcuni giorni ad asciugare, con gran gioia delle mosche locali. Quando furono pronti, invitò a cena mia moglie e me insieme ad altri conoscenti e ci offrì quei pesci insieme ad altre portate. Confesso che non avevo mai mangiato del pesce così gustoso, ma mia moglie, senza farsi accorgere, li evitò con cura.

Seppi anni più tardi che il professor Chao e la moglie nel 1973 si erano recati in visita ufficiale nella Cina Popolare, dove erano stati ospiti dell'allora ministro degli esteri Chou En Lai.

**Assistant Professor**

È prossimo a scadere il mio secondo anno di soggiorno a Berkeley. Il mio visto di "visitatore" è stato rinnovato per la terza ed ultima volta. Alla sua scadenza non potrà essere rinnovato ulteriormente. Per poter restare qui dopo il terzo anno dovrei ottenere un visto di un altro tipo che viene concesso soltanto in pochi casi. Toby mi ha promesso che cercherà di farmelo avere, ma non me ne dà la certezza.

La University of California mi chiede di tenere, nel prossimo anno accademico, un corso di Calcolo delle Probabilità per gli studenti di Fisica Medica. Avrò il titolo di Assistant Professor. Il mio stipendio verrà pagato in parte dall'Università e in parte dal Donner Laboratory, senza che il totale cambi. Sono contento per l'onore del titolo universitario, ma ancor più per l'occasione di dedicarmi alla didattica, come ho sempre desiderato ma non ho avuto molte occasioni di praticare.

Il titolo di Assistant Professor non comporta soltanto l'obbligo di tenere un corso di lezioni, ma anche di aiutare un certo numero di matricole a scegliere un piano di studi conveniente. Gli studenti che mi vengono affidati sono iscritti al Collegio di Arti Liberali; hanno già scelto la materia principale nella quale si vogliono specializzare, in qualche caso anche due, ma vi è un certo numero di materie obbligatorie richieste a tutti gli studenti.

Dal catalogo dei corsi offerti dall'Università, oltre alle materie della loro specialità, devono scegliere dei corsi di lingua e letteratura inglese, di una lingua straniera, di una scienza sperimentale, e così via. Sono stati tutti selezionati fra un gran numero di candidati e hanno idee molto chiare sul programma di studi che intendono seguire, ma in generale fanno fatica a rendersi conto della necessità di estendere le loro competenze al di fuori del soggetto preferito. Il compito che mi sono prefisso è convincerli della necessità di allargare il proprio orizzonte; così facendo potranno meglio apprezzare la loro materia.

Spero che il mio lavoro sia stato utile agli studenti. Certo fu molto utile a me; mi insegnò a rendermi conto delle difficoltà che occorre superare quando si intraprende lo studio di un nuovo soggetto.

Confrontando le basi culturali degli studenti che conobbi con le basi culturali degli studenti italiani della stessa età, direi che gli italiani scrivono meglio, hanno tutti più o meno delle conoscenze di geometria piana e di algebra elementare, ricordano gli avvenimenti principali della storia patria.

Gli americani invece, limitatamente a quelli che conobbi a Berkeley e che erano stati selezionati, fanno spesso errori di ortografia, scrivono in modo molto pedestre, ma conoscono bene le strutture politiche e la storia della loro nazione; per il resto c'è chi conosce l'algebra elementare fino alle equazioni di secondo grado, e chi non ne ha mai sentito parlare; c'è chi conosce la geometria euclidea e chi non sa cosa sia un triangolo isoscele; pochi conoscono una lingua straniera, a meno che non sia la loro lingua natale, ma in quel caso conoscono assai male l'inglese.

In complesso la mia impressione generale era che la loro preparazione fosse molto lacunosa, ma che studiassero metodicamente e di buona volontà, che imparassero in fretta e che avessero idee precise su quello che volevano ottenere dai loro studi.

Fra tutti gli studenti che mi passarono davanti ricordo un giovane nato a San Francisco da genitori cinesi; aveva passato la maggior parte della sua infanzia a Chinatown, il quartiere cinese di San Francisco. Parlava con un accento peggiore del mio, era bravissimo nel calcolo mentale ma non aveva la minima idea della letteratura inglese o americana. Ai miei occhi appariva come uno dei pionieri che avevano colonizzato il Far West.

**Pete Seeger**

Una mattina, che pensavo dovesse essere uguale a tutte le altre mattine, al mio arrivo al Campus mi accorgo che vi è grande agitazione; non so perché, ma ho l'impressione che stia per succedere qualche fatto insolito. Mi informo, e mi dicono che aspettano la visita di Pete Seeger. Non l'avevo mai sentito nominare. Chiedo maggiori spiegazioni, ed apprendo così che si tratta di un compositore e cantante di canzoni popolari e di protesta.

Telefono a mia moglie e l'invito a raggiungermi per conoscere questo personaggio che suscita tanto interesse. Ci sediamo sul prato insieme a molte altre persone in attesa. Sono giovani e anziani, studenti e non studenti; ne approfittiamo per raccogliere più informazioni. Scopriamo così che Pete Seeger aveva avuto un grande successo di pubblico dal 1940 al 1955, anno in cui era stato denunciato per attività "antiamericane"; nel 1956 era stato condannato per aver rifiutato di testimoniare alla Camera dei Rappresentanti. In conseguenza di questa condanna tutte le reti radio e televisive lo avevano bandito dalle loro trasmissioni, negandogli in tal modo ogni fonte di guadagno.

In che cosa consistono le attività antiamericane di cui avevo sentito parlare in altre occasioni? Nessuno sa darmi una risposta precisa. Nella maggior parte dei casi, mi spiegano, le condanne erano dovute al rifiuto di testimoniare contro amici o colleghi sospettati di appartenere al

Partito Comunista Americano o di simpatizzare per organizzazioni sovversive.

Mi chiedo che cosa si possa definire sovversivo in contrapposizione a semplicemente innovativo. La liberazione degli schiavi è stata un'idea sovversiva, il suffragio universale pure, e così via. Un signore fra i presenti, credo fosse un professore di Chimica, trova la mia affermazione ingenua. Chi ha il potere, mi spiega, manovra in modo da mantenerlo; è una legge di natura come la legge di Lenz.

Mi racconta un fatto avvenuto soltanto un anno fa. Suo figlio, appena laureato, aveva presentato una domanda di impiego all'Atomic Energy Commission, un ente del governo federale degli Stati Uniti; al colloquio preliminare un agente federale gli aveva chiesto quali fossero le idee politiche di suo padre. La risposta era stata: "Se volete conoscere le mie idee politiche sono pronto a rispondervi; se volete conoscere quelle di mio padre dovete chiederle a lui." Il giorno seguente il padre, di sua iniziativa, si era presentato a quell'agente federale e si era dichiarato pronto a soddisfarne la curiosità. Ecco, in riassunto, il dialogo che ne era seguito.

*Agente*: "Non era necessario, ma dato che lei è qui, possiamo scambiare quattro chiacchiere."

*Professore*: "Amo la democrazia, odio i governi autoritari; nell'aprile 1937 contribuii 50 dollari al fondo creato per aiutare i superstiti del bombardamento di Guernica da parte della Legion

Condor inviata in Spagna dal governo nazista per combattere contro il governo spagnolo eletto democraticamente."

*Agente* (dopo aver consultato un taccuino che aveva in tasca): "No, guardi che non era aprile ma il 3 maggio, e non erano 50 ma 60 dollari."

La conclusione del mio interlocutore è ovvia: non vi sono azioni buone o cattive in assoluto, ma soltanto azioni che convengono a chi ha il potere oggi o a chi l'avrà domani. Mi sembra una conclusione piuttosto cinica; devo rifletterci ancora a lungo prima di poterne trarre una conclusione soddisfacente.

Finalmente Pete Seeger arriva. Inizia subito a cantare in mezzo a noi. Si accompagna a volte col banjo a volte con la chitarra; ogni canzone è preceduta da poche parole di introduzione che ne descrivono l'origine e la storia. Spesso dopo qualche strofa introduttiva ci invita a cantare con lui; ha un grande potere di comunicazione e in breve tempo tutti i presenti si sentono a loro agio come se facessero parte di un gruppo affiatato.

Una delle prime canzoni è "Barbara Allen". Si tratta di una ballata che ha avuto origine in Scozia o in Inghilterra trecento o più anni fa ed è stata trasmessa oralmente con moltissime varianti. Le parole descrivono un amore sfortunato e la musica è semplice ed estremamente cantabile. Finora non ho l'impressione di essere di fronte ad un pericoloso sovversivo.

Un enorme successo ha "Where have all the flowers gone", parole e musica di Pete Seeger. È un triste lamento contro la guerra, contro tutte le guerre, contro il destino che fa sì che ogni guerra generi inevitabilmente la guerra successiva.

Due ore passano come un lampo. Ciascuno torna al proprio lavoro. Ho la sensazione di aver scoperto un aspetto dell'America che ignoravo.

## Edward Teller

Ad uno dei seminari del lunedì pomeriggio Toby ha invitato Edward Teller, noto popolarmente come "il padre della bomba all'idrogeno".

Teller è ungherese di nascita come Toby. Ufficialmente ha il titolo di Professore di Fisica Teorica, ma per quanto io sappia non tiene all'Università nessun corso regolare di questa materia; ha diversi incarichi non didattici al Lawrence Radiation Laboratory di Berkeley e al Livermore Radiation Laboratory, ma quest'ultimo centro di ricerca è a circa 70 chilometri da Berkeley e non ho mai avuto occasione di visitarlo.

Toby presenta Teller al solito gruppo di studenti e ricercatori riuniti il lunedì pomeriggio nella solita saletta; dalle parole introduttive di Toby sembra che Teller sia qui per iniziare un programma di ricerca in collaborazione con noi. Siamo tutt'orecchi e onorati per la presenza di un fisico di grande fama.

Con nostro grande stupore Teller non parla di Fisica Teorica, la sua specialità, né di Fisica Medica, la nostra specialità; parla del grande pericolo che incombe su di noi, ossia la minaccia che l'Unione Sovietica entro pochi anni possa aver sviluppato armi così potenti da permetterle di dominare tutto il mondo. Teller prosegue affermando che vi è un solo modo di evitare la catastrofe che incombe su di noi: intervenire con una guerra preventiva per distruggere una volta per tutte l'arsenale di armi nucleari di cui dispone l'Unione Sovietica.

Ci guardiamo stupiti, Toby compreso. Ma Teller prosegue imperterrito. Sa benissimo che una guerra atomica costerà milioni di morti negli Stati Uniti, ma questo è un prezzo che è necessario pagare per evitare che l'intera nazione diventi schiava di un regime comunista.

Io non oso aprir bocca. Mi sembra di aver di fronte un pazzo con il quale non sia possibile ragionare. Uno dei miei colleghi, più coraggioso di me, osserva che fra le conseguenze di una guerra atomica non vi saranno soltanto i morti del primo attacco, ma la distruzione dei terreni coltivabili e la contaminazione radioattiva nell'aria che respiriamo e nell'acqua che beviamo. Non importa, obbietta Teller, l'industria americana è in grado di fabbricare humus artificiale, purificatori dell'acqua, filtri dell'aria; eppoi, anche se la radioattività residua dovesse produrre delle mutazioni, perché preoccuparsi? Dei cromosomi di cui disponiamo ora non abbiamo molti motivi di essere fieri; qualche mutazione non può che migliorarli!

Qualche anno dopo a Canberra vidi un film diretto da Stanley Kubrick dal titolo "Doctor Strangelove". Forse a molti spettatori il personaggio del titolo potè sembrare esagerato. Non a me.

## Manifestazioni politiche

L'intervento americano in Vietnam era iniziato nel 1950 con l'invio di "consiglieri" con l'incarico di istruire le truppe del governo sudvietnamita nella lotta contro gli insorti del Fronte di Liberazione Nazionale. I militari americani in Vietnam erano via via aumentati di numero per trasformarsi da consiglieri in combattenti.

Il 17 gennaio 1961 nel suo discorso d'addio il presidente uscente Eisenhower aveva lanciato un grido d'allarme contro questo continuo aumento dell'intervento militare. Le sue precise parole erano state: "Negli affari di stato dobbiamo stare in guardia contro l'influenza ingiustificata del complesso militare-industriale, comunque ottenuta. Esiste ora e continuerà ad esistere la possibilità che un tale potere conduca a conseguenze disastrose."

Il presidente Kennedy era del parere che l'onere della lotta contro il Fronte di Liberazione Nazionale dovesse rimanere alle truppe fedeli al governo Sudvietnamita, ma allo stesso tempo aveva aumentato il numero di soldati americani a sedicimila. La CIA (Central Intelligence Agency) era in contatto con alcuni dei generali Sudvietnamiti per deporre il presidente Diem, ma non era affatto chiaro chi potesse sostituirlo efficacemente.

In questo clima di incertezza sulla politica americana in Vietnam, in tutti gli Stati Uniti, ma in misura maggiore a Berkeley, vi erano manifestazioni popolari a favore dell'uscita degli Stati Uniti dal Vietnam; ciò che rendeva la situazione ancor più paradossale era che i non interventisti e antimilitaristi invocassero a loro favore il parere dell'ex presidente Eisenhower, un militare di professione.

Tutti gli stranieri come me, presenti negli Stati Uniti con un visto provvisorio, avevano il divieto assoluto di partecipare a manifestazioni politiche di qualsiasi tipo. Uno studente svedese che aveva quasi terminato la sua tesi di Ph. D. in Biofisica, sfidando quel divieto, aveva partecipato ad una delle tante manifestazioni contro l'intervento militare degli Stati Uniti nel Vietnam. La polizia del luogo è molto efficiente; individuarlo ed espellerlo è l'affare d'un momento. Deve lasciare gli Stati Uniti entro ventiquattr'ore.

Interviene il dottor Lawrence, direttore del Donner Laboratory e supervisore della tesi dello studente incriminato. Con la sua autorità di scienziato di fama internazionale il dottor Lawrence ottiene dalle autorità politiche il rinvio dell'espulsione, ma soltanto per il tempo strettamente necessario al completamento della tesi di Ph. D. Il dottorando però verrà tenuto in stretta osservazione durante tutto quel tempo per evitare che svolga qualsiasi tipo di attività pericolosa per la sicurezza degli Stati Uniti.

Mancano pochi giorni alla partenza definitiva del giovane laureando, che deve recarsi a San Francisco per consultare un collega della Medical School. È un ragazzo intelligente ed ha individuato senza fatica la persona che deve controllare i suoi movimenti; l'avvicina e con gentilezza dice: "Io devo andare a San Francisco; so che anche lei è diretto lì. Non potrebbe darmi un passaggio?" La proposta viene accettata senza esitazione; il controllato risparmia la spesa dell'autobus Berkeley-San Francisco e ritorno, il controllore assolve il suo compito al cento per cento e senza fatica, l'FBI provvede al costo della benzina, e tutto si conclude con soddisfazione generale.

**Morte di Kennedy**

È il 22 novembre del 1963. Sono in America da due anni e tre mesi. Comincio ad affezionarmi a questo paese che mi ha accolto a braccia aperte e mi ha offerto tante possibilità di lavoro. Ho sempre la speranza che il mio visto temporaneo, che dovrebbe scadere nel prossimo luglio, venga trasformato in un visto permanente.

Ma in questo giorno è successa una cosa ben più importante del mio visto. Il presidente degli Stati Uniti, John Kennedy, mentre percorre in automobile una strada di Dallas in Texas, dove è in visita ufficiale, viene colpito da alcuni colpi di fucile; la morte avviene in ospedale prima che il presidente riprenda conoscenza.

La notizia si sparge quasi istantaneamente provocando un senso di sbigottimento generale. Le persone che incontro per strada sembra che si vergognino dell'accaduto, come se ne fossero personalmente responsabili. Una donna nera che ogni mattina viene per fare le pulizie nell'edificio nel quale lavoro, piange dirottamente. Il dottor Manujan, un medico armeno che lavora al Donner Laboratory da più di vent'anni, mi dice con la voce spezzata dalla commozione: "Ti rendi conto di quello che succede in questo paese?"

John Kennedy non è stato il primo presidente degli Stati Uniti ad essere assassinato; fu preceduto da Abraham Lincoln nel 1865, da James Garfield nel 1881 e da William McKinley nel 1901. Ma mentre dei tre casi precedenti si conoscono i moventi e molti dettagli della loro preparazione, l'assassinio di Kennedy è tuttora avvolto da una nuvola di mistero.

**Warren Commission**

Il neopresidente Johnson, con un decreto presidenziale del 29 novembre 1963, aveva creato una speciale commissione con il compito di indagare su tutti gli aspetti dell'assassinio di Kennedy. A dirigere questa commissione era stato nominato il Capo della Corte Suprema degli Stati Uniti, Earl Warren, assistito da sei consiglieri.

Allo stesso tempo John Edgar Hoover, direttore del Federal Bureau of Investigations (FBI) aveva ricevuto lo stesso incarico. In due settimane di lavoro l'FBI aveva preparato un rapporto di 500 pagine che aveva immediatamente trasmesso alla cosiddetta Warren Commission. Il rapporto dell'FBI concludeva, fra l'altro, che il presidente Kennedy era stato ucciso da Lee Harvey Oswald che agì da solo e non ebbe nessun complice nella preparazione del delitto. L'unico problema che l'FBI si dichiarò incapace di risolvere era il motivo che spinse Oswald ad agire; ma poiché Oswald è morto e non può testimoniare, questo problema deve rimanere irrisolto.

La Warren Commission interrogò centinaia di testimoni e raccolse migliaia di documenti, ma in sostanza accettò quasi integralmente le conclusioni dell'FBI e il 24 Settembre 1964 presentò al presidente Johnson un rapporto ufficiale con il risultato dei suoi lavori.

Ho sempre pensato che il mestiere di giudice sia uno dei più difficili; ancor più difficile poi dev'essere giudicare i giudici. Perciò mi limito ad alcune osservazioni sulla lingua in cui esso è scritto.

Prima osservazione: nel linguaggio ordinario della gente comune possiamo distinguere fra proposizioni vere, proposizioni false e proposizioni incerte. Nel linguaggio matematico possiamo essere più precisi ed assegnare ad ogni proposizione un numero puro compreso fra 0 e 1 chiamato "probabilità" di quella proposizione; il Calcolo delle

Probabilità poi ci insegna a calcolare la probabilità di nuove proposizioni derivate da altre già note. Il tutto è molto semplice e preciso, come avevo mostrato ai miei studenti di Fisica Medica.

Il linguaggio giuridico usato dalla Warren Commission è diverso sia da quello ordinario che da quello matematico. Per la Warren Commission la proposizione "L'imputato è colpevole" è vera o falsa; un terzo caso è escluso. Quando dice: "il presidente Kennedy fu ucciso da Lee Harvey Oswald" si deve intendere: "Non siamo riusciti a trovare nessuna spiegazione alternativa ai fatti descritti." Quando dice: "Lee Harvey Oswald agì da solo e non ebbe nessun complice nella preparazione del delitto" si deve intendere: "Non siamo riusciti a trovare nessun complice del delitto."

La seconda osservazione è che in realtà il rapporto della Warren Commission è più interessante per quello che omette che non per quello che dice.

Una prima omissione è la testimonianza di molti agenti della CIA (Central Intelligence Agency) che, come era loro diritto, si rifiutarono di testimoniare per non compromettere operazioni in corso. La Warren Commission aveva il potere di raccogliere testimonianze a porte chiuse, ma non esercitò mai questo diritto.

La seconda omissione è la mancata pubblicazione, insieme alla conclusione finale, di una relazione di minoranza. Infatti, come apparve chiaramente più tardi, tre dei sette membri della commissione dissentivano dalle conclusioni degli altri quattro, ma furono convinti dal presidente Johnson a firmare di malavoglia il rapporto finale prima delle incombenti elezioni presidenziali. Uno dei tre dissenzienti, Hale Boggs, membro della Camera dei Rappresentanti, aveva più tardi espresso l'intenzione di chiedere la convocazione di una nuova commissione di inchiesta, ma non poté portare a termine il suo progetto perché il 16 ottobre del 1972 l'aeroplano militare sul quale si trovava sparì misteriosamente nel cielo dell'Alaska e non fu mai più ritrovato.

## Partenza

Il mio visto sta per scadere. I fondi per la ricerca a disposizione della University of California sono diminuiti; Toby sembra stanco e aver perso entusiasmo.

Devo decidere dove andare. Potrei tornare in Italia, ma le porte dell'Università italiana per me sono ancora chiuse. Potrei lavorare per la ditta Bracco di Milano, dove già lavorai per breve tempo prima di venire in America. Conosco il direttore, il dottor Ernst Felder, del quale ho una grande stima, e il vice direttore, il dottor Davide Pitrè, già mio compagno al Collegio Navale. Ma i tre anni passati a Berkeley mi hanno viziato; ho provato le gioie dell'insegnamento e della ricerca, non credo che mi adatterei facilmente a lavorare in un ambiente industriale.

Ho avuto un'offerta da una università australiana. L'Australia è un paese in via di sviluppo, ha bisogno di gente nuova e volonterosa; offre anche di pagare il viaggio a chi ha le qualifiche necessarie. Ottengo facilmente un visto permanente e mi preparo a trasferirmi in Australia con la mia famiglia.

Mancano pochi mesi alla nostra partenza dagli Stati Uniti. La campagna elettorale per la scelta del prossimo presidente è in pieno svolgimento. I candidati sono il presidente in carica Lyndon Johnson, del partito democratico, e lo sfidante Barry Goldwater, del partito repubblicano.

Goldwater, governatore dell'Arizona, è considerato un conservatore, nemico dichiarato dei sindacati e dell'Unione Sovietica; la sua campagna elettorale si può riassumere nello slogan: "L'estremismo in difesa della libertà non è un vizio, la moderazione in difesa della giustizia non è una virtù!"

Johnson è considerato il candidato della pace, continuatore della politica di Kennedy di progressivo sganciamento dal Vietnam.

Sarò già in Australia da due mesi quando il 3 novembre 1964 si svolgeranno le elezioni presidenziali negli Stati Uniti. Vincerà con grande maggioranza il candidato della pace contro il candidato della guerra.

Prima della fine dell'anno 1964 il presidente Lyndon Johnson deciderà di aumentare il numero di truppe americane in Vietnam.

## CAPITOLO 8: SYDNEY

**Oceano Pacifico**

Mia moglie, mio figlio ed io ci imbarchiamo il 16 agosto del 1964 sull'Arcadia, una nave della compagnia inglese P&O-Orient. Sono diciotto giorni di vacanza, con visite a Los Angeles, Honolulu, Suva, Auckland.

È emozionante uscire dalla baia di San Francisco passando sotto al grandioso ponte del Golden Gate che avevamo percorso molte volte in automobile. La mattina seguente arriviamo a Los Angeles. Abbiamo il tempo di visitare l'acquario e di sgranchirci le gambe; la sera inizia il lungo viaggio attraverso l'Oceano Pacifico.

Il viaggio per mare è quanto di più confortevole e civile si possa immaginare, specialmente se confrontato a quello che diventeranno i viaggi in aeroplano nel secolo ventunesimo. Ogni mattina puntualmente alle sette un cameriere bussa alla porta della nostra cabina e ci porta una tazza di tè caldo con alcuni biscotti. Non è il breakfast, quello verrà dopo, nel salone da pranzo, con tutte le amenità richieste da quella importante cerimonia. Il tè è un rito minore anche se importante; è una necessità della vita inglese alla quale dobbiamo imparare ad abituarci.

Dopo quattro giorni di navigazione in un mare pacifico come il suo nome giungiamo alle Isole

Hawaii, l'ultimo dei 50 stati che formano l'Unione, annesso nel 1959. Gli abitanti di razza bianca sono una minoranza; la popolazione originale è polinesiana, ma ora vi è un gran numero di filippini, giapponesi, cinesi. La lingua hawaiana è riconosciuta come lingua ufficiale, alla pari della lingua inglese.

Dalla spiaggia di Honolulu possiamo fare una nuotata nelle acque tiepide dell'Oceano Pacifico, un gran contrasto con l'Oceano di San Francisco, la cui temperatura raramente supera i 10 gradi centigradi.

Altri cinque giorni di navigazione e giungiamo a Suva nelle Isole Fiji, dopo aver attraversato il 180° meridiano, la linea del cambiamento di data. Entriamo in una nuova zona oraria; anzichè ritardare il nostro orologio di un'ora come nel passaggio delle altre zone orarie, qui avanziamo l'orologio di 23 ore.

Al tempo della nostra visita le Isole Fiji erano una colonia britannica, ma nel 1970 otterranno l'indipendenza. I fatti più salienti nella storia di queste isole sono la visita nel 1643 di Abel Tasman, un esploratore olandese che cercava di raggiungere il nuovo continente australiano, seguito più tardi da un numero sempre crescente di esploratori e balenieri. I missionari cristiani iniziarono le loro visite all'inizio del secolo diciannovesimo; i primi vennero mangiati.

Nel 1874 le Isole Fiji divennero una colonia britannica e la prima conseguenza fu un'epidemia di morbillo che costò la vita a un terzo della popolazione nativa. Poiché il clima era favorevole alla coltivazione delle canne da zucchero, il governo britannico trasferì dall'India alle Isole Fiji un gran numero di indiani esperti nella coltivazione di questa pianta, col risultato che attualmente la popolazione delle Isole Fiji è metà melanesiana e metà indiana, con una grande tensione razziale sempre presente.

Le autorità locali ci assicurano che la popolazione nativa non pratica più l'antropofagia, per cui possiamo passeggiare tranquilli per le strade di Suva. Il fatto più notevole sono i poliziotti aborigeni che hanno un aspetto molto fiero e indossano una gonnella di tela smerlata.

La fermata seguente è Auckland in Nuova Zelanda. È un fine settimana e come nella maggior parte dei luoghi di cultura inglese tutte le attività non essenziali sono sospese. Non possiamo vedere molte cose, eccetto prati e boschi di un verde brillante e montagne maestose all'orizzonte.

Una delle curiosità locali è il Kiwi, un uccello nativo della Nuova Zelanda; non vola e si nutre quasi esclusivamente di vermi che cattura sotto terra con un lungo becco appuntito. È in pericolo di estinzione per colpa degli animali predatori importati dall'uomo bianco.

**Anzac Parade**

Il tratto di mare che separa la Nuova Zelanda all'Australia è leggermente mosso, ma la traversata dura soltanto tre giorni. Il 4 settembre sbarchiamo a

Sydney. La prima sensazione che provo è l'odore di grasso di montone.

È un fatto del quale mi rendo conto per la prima volta: ogni continente, anzi ogni città, ogni quartiere hanno ciascuno un proprio odore particolare. L'organismo umano ha a disposizione milioni di neuroni per il senso dell'olfatto, ma non siamo abituati a farne buon uso. Cartelli stradali, carte geografiche e occhiali hanno contribuito alla parziale atrofizzazione dell'olfatto umano; l'uso crescente del GPS (Global Positioning System) ne completerà l'opera.

Il primo problema da risolvere a Sydney è l'alloggio, e non è un problema facile. Un professore australiano che avevo conosciuto a Los Angeles qualche mese prima di lasciare gli Stati Uniti mi offre in subaffitto l'appartamento dove abitava in Anzac Parade, una via molto movimentata vicino alla University of New South Wales; si è appena sposato con un'americana che vuole una casa più grande. Accetto perché non ho alternative.

Purtroppo l'appartamento che prendo in subaffitto non è soltanto piccolo, la qual cosa non mi importa molto; quel che conta è la zona rumorosa e i vicini di casa diffidenti e sospettosi; nessuno ci rivolge la parola.

La gente come noi qui è chiamata "migrant"; questo è un termine che viene generalmente usato per gli uccelli migratori che cambiano residenza al cambiar della stagione, ma in Australia ha assunto un significato particolare per indicare i nuovi arrivati di origine non britannica. In particolare gli Italiani in Australia, o più correttamente gli Italiani in alcune parti di Sydney, sono chiamati "Dego", un termine dispregiativo del quale non conosco l'etimologia, ma che viene spesso usato anche per Spagnoli e Portoghesi.

Gli americani, e mio figlio per il modo come parla può facilmente essere preso per un americano, non godono di un epiteto speciale. Hanno però il privilegio di essere considerati come parenti ricchi ma barbari.

Adesso capisco perché la moglie del professore che mi ha ceduto la sua abitazione ha voluto trasferirsi in un altro quartiere.

La University of New South Wales mi ha offerto una borsa di studio per lavorare su un argomento di mia scelta al Dipartimento di Fisica della Facoltà di Scienze. Prima di intraprendere un progetto di ricerca su un nuovo soggetto devo acquistare più familiarità con le varie ricerche che vengono svolte in quel dipartimento. Tuttavia il problema più urgente che devo risolvere è trovare un'altra abitazione. Mia moglie si sente molto a disagio nel posto dove abitiamo; anch'io sono a disagio, ma ho la distrazione di andare tutti i giorni all'Università dove posso dimenticare i problemi domestici. Per mio figlio è ancora peggio. Frequenta la scuola Marubra Junction vicino alla nostra abitazione, ma è diverso dalla gran maggioranza degli sudenti che, nel migliore dei casi, lo ignorano. La sola eccezione è un ragazzo indiano che chissà come è capitato qui ed è l'unico dei compagni di scuola col quale ha fatto amicizia e che l'ha invitato a casa sua.

## Norwood

Consultando con pazienza i giornali locali trovo un appartamento da affittare in un sobborgo di Sydney chiamato Norwood. Mia moglie ed io ci rechiamo immediatamente all'agenzia che lo amministra e ci viene detto che non è disponibile ad italiani. Siamo al punto di partenza.

Un collega del Dipartimento di Fisica che metto al corrente delle mie disavventure si impietosisce e interviene in mio favore. Si reca dall'agente immobiliare che amministra l'appartamento nel quale speravamo entrare e spiega che, sì, siamo italiani, ma, contrariamente alla credenza comune, siamo persone perbene e affidabili. Insomma, siamo italiani diversi dagli altri italiani.

Sono molto a disagio. Ho urgenza di trovare una abitazione vivibile, ma non voglio ottenerla per concessione speciale. L'agente finalmente decide di presentarci al padrone di casa per lasciare a lui la decisione finale.

È un anziano signore australiano, vedovo e senza figli, che abita in una vecchia casa che guarda sulla baia di Sydney. La casa è troppo grande per lui, perciò ne ha ricavato un piccolo appartamento per gli ospiti. La costruzione è molto semplice, ma la posizione è incantevole e tranquilla.

Ci assicura di non essere al corrente della clausola restrittiva che ci aveva turbato; probabilmente era una delle noterelle a pié di pagina che nessuno legge. È lieto di averci come ospiti. La nostra amicizia durerà anche dopo la nostra partenza da Sydney.

Per andare alla University of New South Wales prendo un battello che mi porta dal lato opposto della baia, e da lì proseguo con un autobus. Il viaggio è lungo, ma ne vale la pena. Al rientro a casa passo dal mercato del pesce; a poco a poco prendo gusto a osservare la merce in vendita e mi azzardo a fare qualche acquisto da portare a casa.

Ricordo che una volta portai a casa una dozzina di ostriche; mia moglie e mio figlio immediatamente dichiararono che loro le ostriche crude non le avrebbero neanche toccate. Io con un attrezzo adatto e molta pazienza, mi accinsi ad aprirle. Mio figlio prima, mia moglie dopo, decisero che, naturalmente soltanto per gradire, avrebbero mangiato un'ostrica ciascuno; poi, per rendersi meglio conto del sapore, ne assaggiarono una seconda; per essere più sicuri ne occorse una terza. Quando finii di aprirle, le dodici ostriche erano tutte sparite.

## Vacanza in Italia

Circa un anno prima avevo conosciuto il Professor Alexander Ogston, direttore del Dipartimento di Biochimica Fisica alla Australian National University a Canberra; era in visita negli Stati Uniti e si era fermato per uno o due giorni a Berkeley. Mi metto di nuovo in contatto con lui e gli spiego che non sono soddisfatto della mia situazione a Sydney. Mi fa sapere che potrebbe offrirmi la posizione di "Fellow" nel suo dipartimento, ma dovrebbe prima chiedere all'amministrazione della sua università l'autorizzazione a creare questo nuovo posto.

Mi sembra un'àncora di salvezza. In attesa della chiamata dell'Australian National University decidiamo di prenderci una vacanza in Italia da dove siamo assenti da quattro anni.

Nel maggio 1965 ci imbarchiamo sulla Flavia, una nave della Compagnia Cogedar di Genova. All'uscita dal porto di Sydney troviamo mare mosso.

Melbourne è la prima fermata; lì incontriamo due vecchi amici conosciuti a Berkeley. Lui è Piero Ariotti, torinese di nascita; aveva lasciato l'Italia per lavorare come geometra prima in Argentina, poi nella British Columbia; sempre lavorando era riuscito a ottenere il titolo di Bachelor of Sciences dall'Università di Vancouver; grazie a questo titolo aveva avuto una borsa di studio a Berkeley dove era diventato Master of Sciences. Ora stava scrivendo una tesi di Storia della Scienza per un Ph. D. alla

University of Melbourne. La moglie Charmion, inglese di nascita, aveva conosciuto Piero a Berkeley dove si era trasferita per studiare storia americana. Pensando a loro e a molte altre persone che ho incontrato mi sembra che sarebbe appropriato il termine "nomadi del ventesimo secolo".

Il viaggio continua con fermata prima ad Adelaide, poi a Fremantle. Fra questi due porti vi è la "Great Bight", una larga insenatura nella costa sud dell'Australia, battuta quasi costantemente dai venti provenienti dall'Antartide. Qui il mare raggiunge "forza 8", ossia burrasca, onde alte sette e più metri, creste che si rompono e formano spruzzi vorticosi, impossibilità di camminare senza sostegni. A causa del beccheggio a volte le eliche si trovavo fuori dall'acqua, e allora le vibrazioni sono così forti che sembra la nave stia per spezzarsi.

Usciti dalla Great Bight e raggiunto Fremantle il mare si calma improvvisamente, ma per un'altra mezza giornata sentiamo ancora che qualche cosa dentro di noi continua a muoversi.

Da Fremantle al Corno d'Africa sono 12 giorni di navigazione senza nessuna fermata intermedia e senza incontrare altre navi; l'unica terra ferma che possiamo individuare sono le Isole Cocos, un atollo corallifero di 24 chilometri di diametro, appena visibile come un puntino grigio all'orizzonte.

Uno spettacolo interessante ci è offerto dai pesci volanti che guizzano fuori dall'acqua con voli che possono durare fino a mezzo minuto; non di rado finiscono in bocca a un delfino. Sono frequenti anche i pescecani, che però raramente affiorano sufficientemente per essere identificati.

Gli albatross seguono la nostra nave e sembra non debbano mai stancarsi di volare. Come facciano a sopravvivere per tanti giorni lontano dalla terra ferma è per me un mistero.

Lo spettacolo più interessante ci è offerto dal cielo stellato. Ogni sera scrutiamo il cielo per individuare qualche costellazione nota. È un fatto che il cielo dell'emisfero sud sia meno interessante di quello dell'emisfero nord; la stessa Croce del Sud, che gli Australiani hanno messo nella loro bandiera, è una costellazione visibile tutto l'anno soltanto nelle regioni temperate dell'Australia, mentre l'Orsa Minore con la Stella Polare è visibile in tutto l'emisfero nord durante tutto l'anno.

Al passaggio dell'equatore finalmente rivediamo la Stella Polare; è un avvenimento importante che tutti i passeggeri festeggiano come se avessero ritrovato un amico lontano; poi a poco a poco emergono in cielo le altre costellazioni a noi familiari. In mezzo all'oceano, lontano da centri abitati e da oggetti luminosi di ogni specie, il cielo notturno è uno spettacolo difficile da decrivere. Possiamo individuare stelle che avevamo visto soltanto sui libri stampati e riconosciamo alcuni satelliti artificiali; questi si muovono con velocità apparente molto maggiore delle stelle fisse e su orbite diverse.

Nel Mar Rosso finalmente possiamo vedere navi di ogni genere e con diverse bandiere. Raggiungiamo Suez la sera ma non possiamo sbarcare. La mattina seguente di buon'ora inizia la traversata del Canale.

Il Canale di Suez è stretto e vi può passare soltanto una nave alla volta; facciamo parte di una lunga fila di navi che procedono lentamente e a poca distanza l'una dall'altra. Attraversiamo molti centri abitati e veniamo sempre accolti con parole che non riconosciamo, ma che sono certamente frasi di benvenuto giudicando dall'aria allegra degli abitanti del luogo. Purtroppo non sapévano e non sapevàmo che di lì a poco tempo sarebbe iniziata la Guerra dei Sei Giorni, con la conseguente chiusura del Canale e un lungo periodo di instabilità.

Raggiungiamo un lago dove le navi provenienti dal Nord ci aspettano per poi riprendere il loro viaggio verso Suez dopo il nostro passaggio. Nel tardo pomeriggio raggiungiamo Port Said dove possiamo sbarcare per una breve visita alla città.

Quando finalmente entriamo nel Mare Mediterraneo la prima cosa che noto è una macchia d'olio.

## CAPITOLO 9: CANBERRA

**Bangkok**

È finita la nostra vacanza in Italia. Nel viaggio di ritorno in Australia decidiamo di fermarci per un giorno a Bangkok.

Nel settembre del 1965 ci imbarchiamo in un aeroplano della compagnia inglese BOAC che dovrebbe partire da Roma a mezzogiorno; di mezz'ora in mezz'ora la partenza viene ritardata per ragioni che non ci vengono mai spiegate chiaramente. Finalmente partiamo con molte ore di ritardo.

Atterriamo in Pakistan a Karachi, una fermata non prevista. Siamo costretti a rimanere nei nostri posti con un caldo umido soffocante mentre dei militari pachistani perquisiscono minuziosamente il nostro aeroplano. Soltanto ora ci rendiamo conto che è in corso una guerra fra India e Pakistan.

Una guerra fra due nazioni entrambe membri del Commonwealth britannico, ossia fra nazioni che hanno una Regina in comune? Può sembrare strano, ma non è unica. Una prima guerra fra India e Pakistan, chiamata "Prima Guerra del Kashmir", era stata combattuta nel 1947 e si era conclusa con un armistizio il 1° gennaio 1948; la presente è la "Seconda Guerra del Kashmir", e anche questa finirà con un armistizio, non con una pace. Nel 1971 vi sarà un'altra guerra fra India e Pakistan, detta "Guerra del Bangladesh", e temo che non sarà l'ultima.

Possiamo finalmente ripartire da Karachi per fermarci a New Dehli; questa fermata era in programma, ma non era in programma una seconda accurata perquisizione da parte di militari indiani.

Arriviamo finalmente a Bangkok con un ritardo di dodici ore. Non ci resta molto tempo per una visita della città; le uniche cose che ricordo sono un gran caldo umido e una cena a base di frutta fresca, ossia frutta tropicale appena colta della quale la frutta importata che matura durante il viaggio è soltanto una vaga immagine.

**Canberra**

Canberra è una città nuova; la sua costruzione iniziò nel 1913 per servire da capitale dell'Australia. Si trova a centocinquanta chilometri dal mare, fra Sydney e Melbourne, le due principali città australiane che aspiravano entrambe a divenirne la capitale.

Oltre al Governo e al Parlamento, a Canberra hanno sede l'Accademia Militare, numerose Ambasciate straniere e l'Accademia delle Scienze. La sede di quest'ultima è stata costruita nel 1959 ed ha la forma di una perfetta calotta sferica molto schiacciata. Molti la chiamano "l'Ambasciata Marziana" perché, secondo gli intenditori, assomiglia a un disco volante.

Al nostro arrivo a Canberra l'Australian National University ci fa trovare una casa ammobiliata con giardino pronta e a nostra disposizione, in una zona tranquilla non distante dal dipartimento dove lavorerò.

A poca distanza vive Janusz Gebicki, un altro "nomade del ventesimo secolo"; è nato in Polonia ma ha sposato una inglese a Londra dove si è laureato in Chimica; ha sette figli, il primo nato in Inghilterra, il secondo in Canada, il terzo negli Stati Uniti; gli ultimi quattro figli, monotonamente, sono nati tutti in Australia. Si trova a Canberra per lavorare nel mio stesso dipartimento.

Jan Nurzynski è un altro polacco proveniente da Cracovia che vive vicino a me con moglie e due figli. Si trova a Canberra da alcuni anni e lavora nel Dipartimento di Fisica della Australian National University. È un Testimone di Geova; forse questa è la ragione per cui ha lasciato la Polonia dove molte minoranze religiose e politiche si sentivano a disagio.

La moglie Stascia un giorno invita tutti i bambini che vivono nelle vicinanze a una festa per il compleanno del suo primogenito Irececk; per l'occasione prepara una torta talmente ricca di burro e panna e cioccolata che alcuni dei bambini ospiti, quando tornano nelle loro rispettive abitazioni, hanno bisogno di un giorno intero di dieta speciale per tornare nelle loro normali condizioni di salute.

Un giorno il dottor Nurzynski mi confida che entro qualche mese avrà diritto a passare un anno di sabbatico in un'università di sua scelta, e che dal punto di vista scientifico la scelta migliore sarebbe negli Stati Uniti, ma non può andarvi perchè ha due figli giovani. Al mio stupore per questa motivazione ribatte che i bambini per crescere hanno bisogno di molto latte, e negli Stati Uniti il latte in vendita è completamente scremato, perciò malsano. Insisto che negli Stati Uniti si può comprare latte totalmente scremato, latte parzialmente scremato, latte intero, latte con aggiunta di panna, perfino panna pura; la scelta è enorme; il pericolo, semmai, è nell'abuso di grassi che porta all'obesità. Non mi crede. È inutile insistere; sono sicuro che la guerra attraverso la quale è passato ha lasciato nella sua famiglia un trauma difficile da cancellare. Ragione e fede raramente si accordano fra loro.

Tutto sommato ci troviamo a nostro agio. Le stranezze dei nostri vicini rendono l'ambiente più variato senza renderlo sgradevole. Le nostre stesse stranezze spero non appaiano sgradevoli ai nostri vicini. Possiamo quasi dire di trovarci nel Paradiso Terrestre, o perlomeno in una sua anticamera.

### Alexander Ogston

Appena finito di svuotare le valigie mi reco nel Dipartimento di Biofisica Chimica dove mi aspetta il direttore, il professor Alexander Ogston. La prima cosa che mi dice è di chiamarlo Sandy, come fanno tutti gli altri membri del dipartimento, sia ricercatori che studenti. Aggiunge sorridendo che questo è il sistema australiano.

Sandy è il perfetto gentiluomo inglese. Benché nato in India, ha passato la maggior parte della sua vita in Inghilterra ed ha studiato a Oxford. È affabile, gentile, spiritoso, si sforza di mettere a loro agio tutte le persone che lavorano con lui, ma allo stesso tempo è conscio di tutte le convenzioni che regolano i rapporti fra le persone delle diverse classi sociali.

L'abitudine di chiamare un superiore per nome anziché con il dovuto titolo di Professore, Dottore, Cavaliere, eccetera, è abbastanza diffusa in America e mi ci ero abituato con Toby a Berkeley. In Australia questa usanza è presente ma meno diffusa; quando è usata, lo è in modo che direi quasi polemico.

È un fatto che in Australia esiste un dualismo culturale che si manifesta in diversi modi. Il più evidente è nella lingua. A parte i veri e propri dialetti locali, la lingua nazionale è l'Inglese, ma è pronunciato in due modi molto diversi fra loro. C'è chi si sforza di pronunciare l'inglese nel modo delle "persone colte", c'è chi è fiero di avere l'accento australiano. Le stazioni radio nazionali hanno annunciatori con l'accento "british", mentre le stazioni radio indipendenti hanno annnunciatori con il perfetto accento australiano. Sono talmente lontani fra loro che pare di essere in due paesi diversi. Lo stesso Sandy, che parla con perfetto accento di Oxford, mi dice ridendo che suo figlio è diventato "bilingue".

Una delle istituzioni che prescinde dalle variazioni culturali locali è il tè alle 10 di mattina; è una cerimonia alla quale non si può mancare. Ogni mattina alle 10 precise ogni attività si interrompe e tutti si riuniscono per il tè. Studenti, dottorandi, tecnici di laboratorio in una stanza, il direttore con i ricercatori laureati nell'ufficio di Sandy, tutti ai loro rispettivi posti sorseggiano il tè, una bevanda che probabilmente all'origine era buona, ma che con la produzione di massa prima, poi con l'aggiunta di latte, zucchero, limone e profumi vari ha perso il suo sapore originale. Il giovedì è diverso; il giovedì il tè viene gustato da tutti nella stessa stanza, senza distinzioni di grado o di età.

**Dipartimento di Biofisica Chimica**

Nel dipartimento diretto da Sandy vi sono tre principali ricercatori. Il dottor Hugh McKenzie, nato in Australia, si occupa di Chimica e Biologia Molecolare delle proteine del latte, il dottor John Dunstone, anch'esso nato in Australia, si occupa del tessuto cartilagineo; il dottor Alexander Roy, che proviene dall'Università di Edinburgo in Scozia, si occupa dell'enzima solfatasi del fegato. Io sono libero di scegliere il mio soggetto di ricerca, ma allo stesso tempo dovrei aiutare gli altri componenti del dipartimento quando riterranno necessario risolvere qualche problema di tipo fisico o matematico.

Sandy stesso aveva diversi argomenti di ricerca, ma il principale era senza dubbio lo studio delle proprietà fisico-chimiche dell'acido ialuronico. Un uomo di peso medio può contenere fino a 15 grammi di acido ialuronico, distribuito principalmente nella pelle e nei tessuti connettivi e nervosi.

Le proprietà caratteristiche di questa sostanza sono dovute alla particolare struttura della sua molecola, formata da lunghe catene di unità disaccaride non ramificate; queste catene possono trattenere grandi quantità di acqua, come avviene per esempio nella pelle dei bambini. Con l'età la quantità di acido ialuronico diminuisce, per cui diminuisce anche la quantità di acqua nella pelle e si formano le rughe.

Un'altra proprietà importante dell'acido ialuronico è di lubrificare le articolazioni dove si trova disciolto nel plasma.

Il metabolismo dell'acido ialuronico è piuttosto rapido; in 24 ore circa un terzo della quantità presente viene metabolizzata ed una uguale quantità sintetizzata. La sostanza originale con tutti i suoi metaboliti e prodotti vari con cui reagisce possono venire separati mediante l'ultracentrifuga, e le loro velocità di sedimentazione misurate accuratamente.

Naturalmente Sandy aveva già condotto numerosi esperimenti con l'ultracentrifuga di cui il dipartimento disponeva, ma in alcuni casi aveva osservato che le velocità di sedimentazione dei vari componenti non corrispondevano alle previsioni. Decisi perciò di occuparmi di questo problema.

**L'ultracentrifuga**

Quando una miscela viene sottoposta all'intenso campo gravitazionale dell'ultracentrifuga, i componenti di maggior densità si allontanano dall'asse di rotazione più rapidamente di quelli di minor densità; la velocità di migrazione però non dipende soltanto dalla densità, ma anche dalla forma delle particelle in movimento. Densità e forma dei vari componenti determinano perciò la distribuzione delle loro concentrazioni durante il processo di centrifugazione. Un opportuno sistema ottico misura l'assorbimento dei raggi ultravioletti e l'indice di rifrazione della miscela alle diverse distanze dal centro di rotazione, in modo che possa venir calcolata la velocità di migrazione dei singoli componenti la miscela.

Per capire meglio quel che avviene nella migrazione delle varie sostanze sottoposte a centrifugazione, si pensi alla distribuzione dei diversi veicoli nella circolazione stradale. Quando in un'autostrada i veicoli più veloci raggiungono i più lenti, a volte li sorpassano immediatamente, ma più spesso vengono rallentati per un certo periodo di tempo prima di poterli sorpassare e riprendere la loro normale velocità. In questo periodo di tempo intermedio si forma un raggruppamento che si muove tanto più lentamente quanto maggiore è la densità di veicoli presenti. Ciascun raggruppamento varia di densità per l'arrivo di nuovi veicoli che si accodano e per la fuga dalla parte frontale dei veicoli più veloci. È ovvio che la distribuzione di densità lungo il raggruppamento non è omogenea, ma è minima nella coda dove arrivano veicoli di tipo diverso, cresce verso la parte frontale dove raggiunge il suo valore massimo nel punto dove i veicoli più veloci si distaccano e si allontanano rapidamente.

Quando mi misi al lavoro per cercar di capire come si potessero interpretare quei nuovi risultati, la prima questione che mi posi era in che modo i vari componenti la miscela in esame reagissero fra loro, ubbidendo alla "legge di azione di massa"; ciò significava non soltanto che i vari componenti avessero velocità diverse a seconda delle diverse concentrazioni, ma che al cambiare delle concentrazioni cambiassero anche i rapporti fra i vari componenti, e di conseguenza la loro distribuzione.

Insomma mi resi conto che ci trovavamo di fronte a un problema simile a quello di Achille che insegue la tartaruga. I vari componenti la miscela erano in equilibrio fra loro, ma avevavo velocità di migrazione diverse; muovendosi con velocità diverse si doveva continuamente ristabilire un nuovo equilibrio, modificando le rispettive concentrazioni. Nuove concentrazioni generavano nuove velocità, e così via all'infinito.

Sapevo che Achille raggiunge la tartaruga in un tempo finito, ma come calcolarlo? Una volta di più la matematica rese facile quello che era difficile descrivere a parole; una semplice equazione alle derivate parziali, che pubblicammo sui Proceedings of the Royal Society of London, risolse in poche righe un problema che era complicato soltanto in apparenza.

## Frank Fenner

Nello stesso edificio dove lavoro vi è il Dipartimento di Microbiologia diretto dal professor Frank Fenner, un virologo nato in Australia e che acquisterà più tardi fama internazionale per aver contribuito in modo determinante alla estirpazione del vaiolo.

All'epoca del mio arrivo a Canberra era noto soprattutto per aver ridotto la popolazione dei conigli che infestavano l'Australia.

I primi immigranti europei che erano arrivati in Australia alla fine del diciottesimo secolo avevano portato con loro un certo numero di animali domestici e da cortile. Fra questi ultimi i conigli avevano trovato l'ambiente adatto a riprodursi, con abbondanza di cibo e scarsità di predatori. In breve tempo erano diventati talmente numerosi da costituire una minaccia per l'agricoltura.

Fenner nel 1950 aveva studiato il virus Myxoma che produce nei conigli una malattia detta mixomatosi, che ha esito mortale entro una o due settimane. Dopo aver dimostrato che il virus Myxoma è innocuo per l'uomo, Fenner lo introdusse in grande quantità nei conigli. In un primo tempo la loro popolazione fu ridotta a tal punto da far sperare che si dovesse estinguere completamente; purtroppo però i pochi individui sopravvissuti svilupparono una resistenza al virus, per cui oggi i conigli sono ancora presenti, tuttavia in numero ridotto.

Fra i ricercatori del Dipartimento di Microbiologia ho conosciuto in particolare il dottor Robert Webster col quale ho stretto amicizia. È nato in Nuova Zelanda ed è arrivato a Canberra nel 1964 per studiare il virus dell'influenza. Si reca spesso in Nuova Guinea per raccogliere materiale di studio tra la fauna di quell'isola. Al ritorno da uno di quei viaggi mi portò in regalo uno dei totem che i papuani usano per proteggere i campi coltivati dalla grandine e dai predatori, e che viene normalmente distrutto dopo il raccolto.

Nel 1969 Webster lasciò Canberra per proseguire i suoi studi al Saint Jude Children's Research Hospital, Memphis, Tennessee, dove acquistò fama internazionale per i successi ottenuti nella prevenzione dell'influenza.

Aldo con la madre e la sorella Adriana, 1929

Collegio Navale, Venezia, 1940

L'amico Nirmalananda
Movimento di Disobbedienza Civile, 1949

Centro Tumori di Busto Arsizio.
Il dottor Protti (quarto da destra) durante una visita
ufficiale, 1951

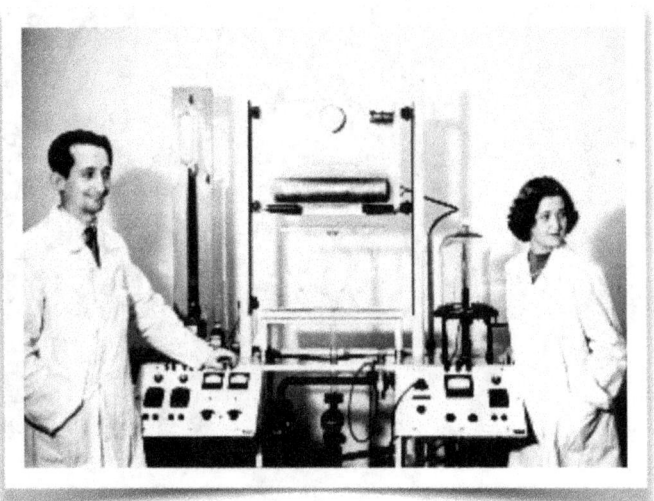

Laboratorio di Biochimicofisica
Centro Tumori di Busto Arsizio, 1951

Aldo e Luisa, 1955

Aldo, 1955

Con gli studenti stranieri, Canberra, Australia,, 1967

Ritorno in America! Aldo, Luisa e Gauss a Prospect Park, Minneapolis, 1970

Krueger National Park, Sud Africa, 1982

Francesca, Johannesburg, Sud Africa, 1982

Jack e Betty Schneider, compagni di avventure in Sud Africa, in visita al Brookhaven National Laboratory, Upton, N.Y., 1983

Giorgio Segre, 1996

Scuola NATO a Erice, Sicilia, 1996

Scuola NATO a Erice, Sicilia, 1996

## John Carew Eccles

Sempre nello stesso edificio vi è il Dipartimento di Fisiologia diretto da John Carew Eccles, premio Nobel nel 1963 per lo studio del meccanismo della trasmissione degli impulsi elettrici nei neuroni. Nel 1958 aveva ricevuto dalla Regina Elisabetta II il titolo di Knight Bachelor, per cui ora non è più Mister John Eccles o Doctor John Eccles o Professor John Eccles, ma Sir John Eccles. Quando gli si rivolge la parola bisogna chiamarlo "Sir John". L'uso del nome di battesimo anzichè del cognome in questo caso non è per nulla confidenziale; è il prefisso "Sir" che crea la differenza.

A parte queste formalità che a un estraneo potrebbero sembrare strane ma che sono molto importanti per le nazioni di cultura inglese, Sir John è una persona affabile con la quale è facile comunicare.

Nel Dipartimento di Fisiologia vi sono molti ricercatori stranieri che vengono qui per un anno o due per studiare nuove tecniche. Fra gli altri conobbi Pier Giorgio Strata, allora Assistente del Professor Giuseppe Moruzzi di Pisa, oggi Professore di Fisiologia a Torino.

## Tao Te Ching

Da ragazzo mi era capitata fra le mani quasi per caso una traduzione italiana del Tao Te Ching di Lao Tzu; l'avevo letta con interesse, ma avrei voluto saperne qualche cosa di più. L'incontro con il professor Chao Yuen Ren a Berkeley me ne aveva aumentata la curiosità. Finalmente qui a Canberra ho la possibilità di occuparmi di questo soggetto. Ho abbastanza tempo libero da dedicare ad argomenti non strettamente scientifici, vi è un ottimo Dipartimento di Lingue Orientali con una biblioteca molto ben fornita.

Inizio col prendere lezioni di calligrafia da un artista cinese. Si chiama David Lu e lavora come bibliotecario in questa Università. È di religione musulmana ed è immigrato da Hong Kong dove viveva con la moglie inglese e due figlie.

La calligrafia è una parte essenziale della cultura cinese; so che non diverrò mai un buon calligrafo, ma per me è importante poter distinguere i diversi stili coi quali un cinese, antico o moderno, si esprime e comunica con i suoi simili.

Il mio secondo passo è l'acquisto di un dizionario di Cinese classico. Ho scelto il dizionario di Séraphin Couvreur, un gesuita francese, pubblicato nel 1890, ma ristampato recentemente a Taiwan. Il Cinese classico è molto diverso dal Cinese parlato moderno, ma gli ideogrammi non cambiano. Come in Italiano si può usare lo scritto corsivo o stampatello o gotico, così in Cinese si possono riconoscere molti stili, ma gli ideogrammi nella loro sostanza sono sempre gli stessi. Quel che è straordinario è che molti degli ideogrammi si possono riconoscere in documenti che risalgono all'anno 1000 avanti Cristo.

Il mio terzo passo è procurarmi alcuni testi di autori classici cinesi. Con poca spesa li posso importare dalla Cina, cosa che non avrei potuto fare negli Stati Uniti, dove vi era ancora il divieto assoluto di importazione da paesi considerati comunisti.

A questo punto posso cominciare il mio piano di studi. Non è un piano convenzionale, qualunque linguista o filologo osserverebbe che ogni lingua straniera dovrebbe essere prima parlata poi scritta; io invece mi occupo della lingua scritta ed ignoro completamente quella parlata. Forse sbaglio, ma ho fatto tanta fatica a imparare l'inglese e non voglio farne altrettanta a imparare il cinese parlato, e certamente non quello di Lao Tzu, autore del Tao Te Ching, vissuto tre o quattrocento anni prima di Cristo. Voglio soltanto capire il significato di quelle frasi brevi, concise, costruite in modo simmetrico, che ho letto in molte traduzioni diverse, spesso contraddittorie. Eppoi una lingua in cui non vi sono né declinazioni né coniugazioni, dove ogni parola può essere nome, aggettivo, verbo, avverbio, dove la sintassi regna sovrana, è una curiosità alla quale non posso resistere.

In capo a un anno, lavorando in quest'impresa da una a due ore al giorno, sono in grado di leggere i testi più semplici senza nessun ausilio, e i più difficili con l'aiuto di commentari o di colleghi del Dipartimento di Lingue Orientali.

## Wang Ling

Un'altra persona notevole che ho conosciuto a Canberra è Wang Ling, coautore con Joseph Needham di un'opera monumentale intitolata "Science and Civilisation in China" in molti volumi. Ma qui è necessario fare un passo indietro; prima di parlare di Wang Ling devo fare la storia di come iniziò il progetto in cui fu coinvolto.

Poco prima dell'inizio della seconda guerra mondiale Joseph Needham, professore di Biochimica all'Università di Cambridge, incontrò una dietologa cinese, Lu Kui Chen, che aveva ricevuto una borsa di studio per quella Università. Fra il professore e la borsista nacque rapidamente un rapporto d'amicizia e il desiderio di Needham di imparare la lingua cinese. Dallo studio della lingua cinese Needham passò rapidamente allo studio della storia della scienza in Cina. Infine si concretizzò il grandioso progetto di scrivere un'opera che esaminasse a fondo il grande problema di come e perché la Cina, che aveva preceduto di secoli l'Europa in molte invenzioni tecniche e nella Matematica Applicata, fosse rimasta indietro nelle scoperte che avevano portato alla rivoluzione industriale.

Nel 1948 Needham propose alla Cambridge University Press la pubblicazione di un libro intitolato "Science and Civilization in China" in sette volumi. La proposta venne immediatamente accettata e Needham iniziò il lavoro in collaborazione con lo storico della scienza Wang Ling, che aveva conosciuto nel 1943 durante una sua visita all'Academia Sinica a Li Zhuang.

Il terzo volume dell'opera dedicato alla Matematica e all'Astronomia apparve nel 1959 ed è probabilmente quello in cui è maggiore il contributo di Wang Ling. Me ne servirò abbondantemente nelle mie lezioni negli anni futuri a Minneapolis e a Johannesburg.

**Italiani a Canberra**

Di tanto in tanto arrivava a Canberra un fruttivendolo con un autocarro carico di prodotti del suo orto che offriva in vendita di casa in casa. Un bel giorno si ferma di fronte alla nostra casa e mia moglie compra una cassetta piena di frutta e verdura. La cassetta è pesante e il fruttivendolo si offre di portarla in casa. Passa di fronte a un quadro appeso a una parete e si ferma sbigottito.

"Ma questa è la mia casa!" esclama.

Il quadro è un olio del pittore Donato Frisia, mio suocero; rappresenta un angolo di Bardonecchia con alcune case in primo piano e delle montagne innevate nello sfondo. L'emozione che il fruttivendolo ha provato nel rivedere la sua casa, anche se soltanto in immagine, non è facile da descrivere se non si sono provate le stesse esperienze in occasioni simili.

In tutti i posti dove abbiamo vissuto abbiamo incontrato connazionali provenienti dal nord, dal sud e dal centro dell'Italia e appartenenti alle più diverse categorie sociali. Tutti, chi per una ragione, chi per un'altra, erano in cerca di un lavoro che non potevano realizzare in Italia.

Uno degli italiani più notevoli che ho conosciuto a Canberra e quello che ricordo con più nostalgia è Igor de Rachewiltz.

Igor ha qualche anno meno di me. È nato a Roma da una nobile famiglia che vanta antenati provenienti dalla Polonia e dalla Mongolia. Dopo essersi laureato in legge all'Università di Roma aveva studiato all'Istituto Orientale di Napoli. Conosce perfettamente Russo, Cinese, Giapponese, ma la sua specialità è il Mongolo, sia antico che moderno.

Nel 1961 ha ottenuto dalla Australian National University un Ph. D. in Storia Cinese con una tesi su Yeh-lü Ch'u-ts'ai, uno statista taoista del tredicesimo secolo che era stato a lungo al servizio di Gengis Khan.

Quando lo conobbi, Igor stava studiando la "Storia Segreta dei Mongoli", scritta pochi anni dopo la morte di Gengis Khan da un autore anonimo per incarico della famiglia reale mongola. L'originale era stato scritto in lingua mongola classica, ma le uniche copie sopravvissute erano trascrizioni in caratteri cinesi dell'originale mongolo. La traduzione inglese completa fu pubblicata da Igor nel 1971 in sette volumi.

## La Donna di sabbia

Canberra è una città piccola ma costruita in modo razionale; il centro è molto verde e pieno di spazi che invitano al passeggio. Uno dei punti d'incontro della gente che vuol prendere il fresco la sera è di fronte al teatro civico "The Playhouse", che si trova a soli trecento metri dal centro geografico della città. Quel teatro serviva spesso da cinematografo, ma non di rado vi erano serate musicali, sempre di alto livello. Tanto per citarne alcune, erano stati ospiti di quel teatro il quartetto Amadeus e il Deller Consort.

Una sera con mia moglie avevo assistito in quel teatro alla proiezione del film "La donna di sabbia" del regista giapponese Hiroshi Teshigahara. Il soggetto è molto semplice: un giovane entomologo arriva in un villaggio lontano da grossi centri abitati e cerca alloggio per una notte. Viene fatto scendere con una scaletta a corda in una buca scavata nella sabbia nel fondo della quale abita una vedova. La mattina seguente la scaletta è scomparsa; dovrà restare in quella buca ed aiutare la vedova che vive lì.

All'uscita dal cinematografo passeggiamo nella piazza di fronte; sulla nostra testa vediamo i galah, grossi pappagalli colorati che non si stancano mai di volare da un albero all'altro; udiamo il verso simile a una risata del kookaburra, un uccello della famiglia dell'upupa, ma molto più grande di questa e assai socievole.

Incontriamo Guido Cifali, un geologo che lavorava in un istituto australiano di ricerche minerarie; scherzando gli dico: "Quell'entomologo che hai visto nel film è la mia immagine; sono finito in una buca di sabbia chiamata Australia e non riuscirò più a uscirne." "No, ti sbagli," mi risponde serio serio, "il regista pensava a me, non a te." A quel punto interviene Lo Hsien Sheng, un professore associato di Storia Orientale, il quale dà torto a entrambi: "Sono io in fondo alla buca," afferma con convinzione.

Per cambiar discorso gli chiedo dove potrebbe trovare un clima migliore di quello di Canberra. "Nella nebbia di Londra," replica. A una risposta così convincente non so che cosa aggiungere, e la discussione finisce lì.

È finita la discussione, ma il problema resta. Che cosa è successo? Poco più sopra ho scritto che Canberra somigliava al Paradiso Terrestre, ed ora è diventata una buca dalla quale è difficile uscire.

Ci sono cose difficili da spiegare. Se credessi nell'astrologia direi che è colpa del cielo stellato, troppo diverso da quello che vedevamo da bambini. Perfino la Luna è diversa; il paesaggio lunare sembra capovolto. Lo stipendio è ottimo, il clima mite, la casa confortevole, il lavoro piacevole, la pensione per la vecchiaia assicurata. Eppure mi manca qualcosa.

## Viaggio intorno al mondo

L'Australian National University è molto generosa; mi offre la possibilità di fare un viaggio di studio per visitare università straniere con le quali ho interessi in comune, e mi offre anche il rimborso parziale delle spese. Acquisto un biglietto per un volo intorno al mondo e parto in un aereo della compagnia Qantas diretto a San Francisco.

A San Francisco trovo Nabil Amer, che ora non è più studente, ma ha un Ph. D. in Biofisica, è sposato e lavora all'Università. Mi porta a Berkeley dove sarò suo ospite per qualche giorno. Rivedo Toby che mi sembra invecchiato e che mi dà l'impressione di aver meno entusiasmo di una volta. Vado a trovare il dottor John Lawrence nel Donner Laboratory; mi chiede scherzando che cosa penso dell'Australia e se mi sento al sicuro nell'emisfero sud dove molte persone si sono trasferite per paura di una prossima guerra atomica fra USA e URSS.

## Minneapolis

La mia seconda tappa è Minneapolis nello stato del Minnesota. Dall'aeroplano il Minnesota appare come un'enorme pianura coperta quasi esclusivamente da laghi e boschi di conifere. La popolazione dell'intero stato è di circa cinque milioni, per la metà concentrata in Minneapolis e Saint Paul, dette le Twin Cities. Queste due città sono separate dal Mississippi, il maggior fiume dell'America Settentrionale, che nasce nel nord del

Minnesota, vicino al confine col Canada, e attraversa dieci stati fino a raggiungere il Golfo del Messico.

Minnesota, Minneapolis, Mississippi sono tutti nomi di origine indiana; Minnesota significa "acqua azzurra", Minneapolis "città dell'acqua", Mississippi "grande fiume".

Al mio arrivo trovo all'aeroporto James Beck che mi dà il benvenuto in Minnesota. Appena uscito dall'aeroporto vedo un sole splendente in un cielo azzurro intenso senza tracce di nuvole, ma la temperatura è talmente bassa che sembra che le orecchie mi si debbano spezzare come fossero di porcellana. In mancanza di un copricapo adatto l'unica soluzione è usare una sciarpa come turbante, e continuerò a usarla per tutta la durata della mia visita a Minneapolis.

James Beck, poco prima della mia partenza da Berkeley, era diventato Professore Assistente nel Dipartimento di Fisiologia dell'University of Minnesota, una università statale con diversi campus. Il maggiore è parte a Minneapolis parte a Saint Paul; le due parti sono collegate da un ponte pedonale coperto che attraversa il Mississippi. È facile capire la ragione per cui quel ponte è coperto: d'inverno è battuto dal vento gelido che proviene dal Polo Nord e, senza una adeguata protezione, nessuno studente riuscirebbe a spostarsi da un lato all'altro del Mississippi. Per la stessa ragione i vari edifici dell'università sono collegati da viali alberati, ma anche da passaggi sotterranei che formano una complessa rete pedonale.

## Buffalo

La tappa seguente è Buffalo nello stato di New York. Sono ospite del Center for Theoretical Biology, un istituto di ricerca che fa parte della State University of New York e di cui è direttore James F. Danielli. Non avevo mai incontrato Danielli di persona prima d'allora, ma eravamo stati in corrispondenza nel 1961 quando aveva fondato il Journal of Theoretical Biology al quale avevo contribuito con diversi articoli.

Invece conoscevo bene Robert Rosen che avevo incontrato quando lavorava con il professor Nicolas Rashevsky all'Università di Chicago. Rosen ora lavora al Center for Theoretical Biology ma contemporaneamente ha la posizione di Professore Associato alla State University of New York di Buffalo. Ha in progetto un'opera in tre volumi intitolata "Foundations of Mathematical Biology"; mi chiede di collaborare con il capitolo "Compartments" per il secondo volume e il capitolo "Deterministic Theory of Population Dynamics" per il terzo volume.

A mezzogiorno c'è una breve sosta per uno spuntino. Ahimè, è sosta perché non devo più parlare, non è sosta per riposare; mi viene dato un panino imbottito e un bicchiere di "pop" (acqua gasata dolce e colorata) e con tutti gli altri componenti del laboratorio devo sedere, mangiare, bere e contemporaneamente ascoltare un conferenziere che per tre quarti d'ora spiega che i soldati di Giulio Cesare vinsero tutte le loro battaglie soltanto perché le loro spade erano di acciaio temperato, mentre quelle degli avversari erano di qualità assai inferiore. L'argomento, di per sè, è interessante e il conferenziere è certamente eloquente e ben informato, ma la mia tempra fisica è del tutto inferiore a quella dei soldati di Giulio Cesare e delle loro spade. Sono sempre stato a favore dell'allargamento dell'orizzonte culturale, ma mi sembra che qui stiano strafacendo. In questo momento quasi quasi rimpiango la cerimonia del tè di Canberra.

Il resto della settimana è speso in discussioni con tutti i membri del Center for Theoretical Biology; li visito ad uno ad uno e mi illustrano gli argomenti delle loro ricerche. I soggetti principali sono Genetica di popolazioni, Morfogenesi, Immunologia, ma vi è anche un ricercatore che studia Fonologia dal punto di vista della Teoria dell'Informazione. Vorrei approfondire tutti e ciascuno di questi argomenti, ma la mia capacità di apprendimento è limitata e devo limitarmi a una semplice infarinatura di tutti i soggetti che mi sono stati illustrati.

Il fine settimana finalmente mi riposo con una visita alle cascate del Niagara. La settimana seguente sono a Ithaca.

## Ithaca

Ithaca è una cittadina di non più di trentamila abitanti nello stato di New York, ma è ricca di attrattive quali laghi, cascate, campi di sci, giardini fioriti; il suo principale gioiello è la Cornell University, un'università privata, come moltissime altre negli Stati Uniti, fondata nel 1865 da Ezra Cornell.

Ezra Cornell era nato nel 1809 in un sobborgo di New York da una famiglia di quaccheri. Da giovane si era trasferito a Ithaca dove aveva iniziato a lavorare come falegname in una segheria. Quando si sposò si accorse che il salario della segheria era insufficiente al mantenimento della famiglia, per cui acquistò i diritti di vendita di un nuovo tipo di aratro e iniziò una serie di viaggi attraverso l'America per illustrarne i vantaggi.

Con una piccola modifica adattò facilmente quell'aratro al sotterramento dei fili del telegrafo appena inventato da Samuel Morse, ma dopo i primi esperimenti si accorse che l'isolamento necessario era troppo costoso; decise allora di sospendere i fili telegrafici a dei pali usando semplici isolatori di vetro. Si associò con Morse e costruì la prima linea telegrafica da Washington a Baltimore. Nel 1851 fondò la Western Union che per la seconda metà del ventesimo secolo detenne praticamente il controllo dell'industria telegrafica.

Con gli ingenti guadagni accumulati decise di creare una università che fosse aperta a tutti. In un'epoca in cui molte università americane erano solamente maschili o femminili, oppure riservate a membri di una particolare religione, o talvolta specializzate in un particolare soggetto, la Cornell University è stata fin dalla sua fondazione un esempio di università modello.

A Ithaca sono ospite di Donald Zilversmit. Lo avevo conosciuto di persona un anno prima a Canberra, dove era in visita di studio, ma avevo già letto molti anni prima i suoi lavori sulla cinetica dei fosfolipidi.

Zilversmit era nato in Olanda nel 1919; nel 1939 era ancora studente all'Università di Utrecht quando decise di emigrare negli Stati Uniti, appena in tempo prima dell'invasione tedesca in Olanda. Nel 1945, alla fine della guerra, raggiunse la fidanzata Kitty Fonteyn che era rimasta in Olanda ed era l'unica sopravvissuta della sua famiglia.

La mia visita alla Cornell University è un grande onore per me. Mi viene richiesto di passare in rassegna, in un'aula della Facoltà di Medicina, tutti gli sviluppi dell'uso di isotopi radioattivi in diagnostica e in terapia. Naturalmente non posso improvvisare una rassegna completa, per cui mi limito a illustrare quelli che a mio parere sono i problemi più interessanti che meritano di essere investigati. Con mia sorpresa e grande soddisfazione, al termine della presentazione segue una lunga discussione che mostra che il pubblico al quale ho parlato è competente e interessato ai miei stessi problemi.

**Milano**

Finalmente arrivo a Milano dove ritrovo parenti e amici. Non avevo programmato in precedenza nessuna visita particolare, ma il Professor Rodolfo Paoletti della Facoltà di Farmacia dell'Università di Milano mi chiede di presentare un seminario nel suo istituto; accetto molto volentieri e rivedo in quell'occasione il Dottor Davide Pitrè, mio compagno al Collegio Navale di Venezia, ora Vice Direttore della Società Bracco dove si occupa in particolare di sostanze opacizzanti per radioscopia.

**Hong Kong**

La mia ultima tappa prima di tornare a Canberra è Hong Kong, che a quell'epoca era ancora una colonia britannica. Mi fermo soltanto tre giorni per rivedere Michael McCabe, un amico nato in Inghilterra che avevo conosciuto anni fa, e la moglie Irena nata in Polonia che lavorava per un Ph. D. in Storia della Chimica con una tesi su Robert Boyle.

Michael McCabe insegnava Biochimica alla University of Hong Kong, ma la sua occupazione principale era rendere la vita difficile alle persone con cui lavorava. La sua ultima realizzazione aveva avuto origine da un decreto emanato dal governo di Hong Kong che obbligava tutti i residenti a munirsi di carta di identità con fotografia e impronte digitali. Michael obbiettò che per lui l'impronta digitale era associata all'idea di criminalità, pertanto si opponeva a quella regola. Un funzionario di polizia cercò con pazienza di convincerlo che quella regola era stata fatta per il vantaggio di tutta la comunità. Michael obbiettò che, essendo egli un professore universitario, era disposto a seguire l'esempio del Cancelliere della sua stessa Università; se il Cancelliere aveva accettato di farsi prendere l'impronta digitale, ne avrebbe seguito l'esempio.

Ora il Cancelliere della University of Hong Kong era anche Governatore della colonia, e, secondo le leggi e disposizioni vigenti, il Governatore era l'unica persona esentata dall'obbligo di avere una carta d'identità. Il funzionario di polizia, con molta pazienza, offrì a Michael l'alternativa di accettare l'esempio del Vice Cancelliere dell'università; mostrò una copia delle impronte digitali del Vice Cancelliere a Michael, il quale a questo punto accettò di buon grado. Quando cercarono di prendere le impronte delle sue dita, ottennero soltanto delle macchie grigie; il giorno prima si era limati tutti i polpastrelli.

Era una vittoria, ma soltanto temporanea; infatti è noto che le impronte dei polpastrelli ricrescono e sono sempre le stesse, dal feto all'adulto. Forse non tutti apprezzano al loro giusto valore questo tipo di prodezze, ma io sono convinto che le persone del tipo di Michael McCabe sono non soltanto accettabili, ma anche utili. Infatti sono persone sincere e niente affatto pericolose, anzi utili perchè, come dice Falstaff nel terzo atto della omonima opera di Verdi, "L'arguzia mia crea l'arguzia degli altri."

# CAPITOLO 10: MINNEAPOLIS

## Prima Elezione di Nixon

Durante il mio viaggio intorno al mondo erano successe molte cose importanti. La prima, forse quella decisiva per la guerra in Vietnam, era stata l'offensiva del Têt. Nella notte in cui volavo attraverso l'Oceano Pacifico da Sydney a San Francisco i Vietcong, in perfetta coordinazione con l'esercito regolare del Vietnam del Nord, attaccarono in molte città del Vietnam del Sud, inclusa Saigon. Questa offensiva, che durò un paio di mesi, da un punto di vista puramente tattico terminò con una vittoria dell'esercito americano, la cui superiorità di mezzi era enorme, ma strategicamente contribuì a dimostrare che gli Stati Uniti potevano vincere tutte le battaglie, ma non la guerra.

Ma esaminiamo con ordine gli avvenimenti che precedettero il mio ritorno negli Stati Uniti, questa volta con un visto permanente.

Il 5 novembre del 1968 Richard Nixon del Partito Repubblicano era stato eletto presidente degli Stati Uniti con una maggioranza relativa del 43.4% contro il 42.7% per il candidato democratico Hubert Humphrey. I rimanenti voti erano andati al candidato indipendente George Walllace.

La storia di quelle elezioni è particolarmente interessante, e direi anche tragica.

Wallace, che era stato eletto governatore dell'Alabama nel 1963 con i voti del Partito Democratico, nelle elezioni presidenziali del 1968 si era presentato come indipendente con un programma essenzialmente demagogico, nel quale prometteva di ritirare tutte le truppe americane dal Vietnam se la guerra non fosse vinta entro 90 giorni, di ridurre al minimo gli aiuti all'estero, di aumentare generosamente tutti i servizi sociali, ma anche di mantenere una rigida separazione fra le razze in tutti i servizi pubblici.

Il presidente in carica Johnson, che aveva vinto le elezioni nel 1964 con la massima maggioranza di voti popolari mai registrata prima di allora nella storia americana, aveva fatto approvare molte leggi di carattere sociale sotto il termine generale di "Great Society", fra cui per esempio il programma "Medicare" che garantiva le cure mediche a tutti i residenti degli Stati Uniti al di sopra dei 65 anni, e che era stato fortemente osteggiato dalla "American Medical Association". Allo stesso tempo però la sua popolarità era scesa precipitosamente per via della guerra in Vietnam nella quale ad un certo punto erano impegnati 548.000 soldati americani con perdite sempre crescenti e della quale nessuno poteva onestamente vedere la fine. Amareggiato dall'insuccesso della sua politica estera, aveva deciso di rinunciare a presentarsi come candidato alle nuove elezioni ed aveva lasciato questo incarico al vice presidente Humphrey.

Humphrey, che aveva sostenuto, probabilmente a malincuore, la politica estera di Johnson, era pertanto il candidato preferito dall'apparato del Partito Democratico, ma in una situazione di estrema tensione.

Il 4 aprile del 1968 veniva assassinato il pastore protestante Martin Luther King Junior, da molti anni impegnato nella lotta contro le discriminazioni razziali; esattamente un anno prima, rompendo ogni indugio, aveva preso decisamente posizione contro la guerra in Vietnam dichiarando, in un discorso tenuto a New York, che "una nazione che anno dopo anno continua a spendere più per l'esercito che per i programmi sociali va verso la morte spirituale."

Due mesi dopo, ossia il 5 giugno del 1968, veniva assassinato Robert Kennedy, fratello di John Kennedy, che aveva appena iniziato la sua campagna elettorale per ottenere la nomina a candidato del Partito Democratico e che secondo molti commentatori politici aveva buone probabilità di sconfiggere Humphrey.

Erano rimasti in lizza per la nomina ufficiale del candidato del Partito Democratico alle elezioni presidenziale il vice presidente Hubert Humphrey, Eugene McCarthy e George McGovern. La scelta finale doveva essere presa all'assemblea generale del Partito a Chicago dal 26 al 29 agosto. In quell'occasione erano convenuti a Chicago molte migliaia di manifestanti, molti giovani, molti studenti, tutti contrari alla guerra in Vietnam.

Il sindaco di Chicago, Richard Daley, desideroso di creare un'immagine di concordia all'assemblea del Partito Democratico, ordinò alla Polizia locale di impedire ogni manifestazione anti-Vietnam. La Polizia ubbidì alla lettera usando metodi brutali per sgomberare la piazza da dimostranti e da giornalisti, creando pertanto un'atmosfera da guerra civile. Né mancò un aspetto ironico nella repressione poliziesca; un gruppo di studenti aveva organizzato una contromanifestazione nella quale era simulata la nomina di un nuovo candidato alla presidenza, chiamato "Pigasus". Ora Pigasus (dall'Inglese *pig* = maiale) era un maiale in carne ed ossa. La Polizia di Chicago si affrettò ad arrestare sei dei dimostranti, Pigasus incluso.

**Professore Associato di Fisiologia**

Il nuovo presidente Nixon è in carica da pochi giorni quando, nel marzo del 1969, arrivo a Minneapolis con la mia famiglia. Ho il titolo di Professore Associato nel Dipartimento di Fisiologia dell'Università del Minnesota dove devo tenere un corso di Systems Analysis.

Non so come tradurre in italiano il titolo "Systems Analysis" e quel che è peggio non so spiegarne in modo semplice il significato. A prima vista in quel titolo vi è una contraddizione; il primo termine, "Systems", indica un insieme di oggetti che interagiscono fra loro, ossia una *sintesi*, e il secondo termine, "Analysis", *analisi*, è esattamente l'opposto. Questa contraddizione si risolve pensando che ogni oggetto di studio, semplice o complesso, può essere pensato come un insieme di vari componenti interagenti fra loro; alcuni componenti possono essere esaminati separatamente, altri no. Il comportamento dell'oggetto osservato nel suo insieme dipende dal comportamento dei suoi singoli componenti e dal modo come questi componenti interagiscono fra loro. La Systems Analysis è semplicemente la costruzione dei modelli matematici mediante i quali si possono studiare sistemi complessi considerandone prima le parti componenti, indi il modo come dette parti interagiscono fra loro.

Gli studenti che mi sono affidati hanno seguito dei corsi di algebra e di equazioni differenziali elementari, per cui non mi è difficile preparare delle lezioni accessibili a tutti senza troppe difficoltà. Quel che è paradossale è che molti dei professori di questo dipartimento appartengono alla vecchia scuola in cui la Fisiologia era puramente descrittiva, per cui i modelli matematici coi quali i miei studenti acquistano ottima familiarità, sono incomprensibili ai loro mentori.

**Prospect Park**

Ho acquistato una casa in un quartiere di Minneapolis chiamato Prospect Park, da dove posso raggiungere l'Università a piedi. È una casa in legno molto modesta, con soggiorno e cucina al pianterreno e due camere da letto al primo piano, costruita quasi cent'anni prima su una collinetta molto alberata sulla quale troneggia una torre che una volta conteneva un serbatoio d'acqua. Questa torre è chiamata Torre col Cappello da Strega a causa della forma del suo tetto, coperto da tegole di rame e visibile da molti punti di Minneapolis.

Prospect Park è situato nel bel mezzo delle Twin Cities, tuttavia ha l'aspetto di un villaggio, con strade tortuose e case molto diverse una dall'altra. Si va da una casa unifamiliare disegnata da Frank Lloyd Wright nel 1934 ad alcune di stile vittoriano, fino ad una più recente costruita da un carpentiere norvegese e che sembra debba essere abitata da troll e folletti. È invece abitata da un Professore di Istologia, norvegese di nascita, di nome Magnus Olson, che è proprio grande come vuole il suo nome. Io abito di fianco a lui e me ne servo da termometro; infatti d'inverno ogni mattina prima di uscire di casa aspetto la sua uscita. Dal modo come è vestito so se mi occorre un semplice cappotto oppure una giacca di piumino e un colbacco di pelo. La moglie di Magnus è anch'essa norvegese e grande come una regina del Valhalla; al nostro arrivo a Prospect Park ci dà il benvenuto con un cestino di biscotti fatti in casa.

Purtroppo qualche anno prima del nostro arrivo era iniziata la costruzione di un'autostrada a sei corsie che passava a fianco di Prospect Park; era avversata dalla maggior parte dei residenti, ma procedeva comunque ed avrebbe lentamente ma inesorabilmente cambiato il carattere del luogo.

A duecento metri da dove abito c'è la casa di Leonard Unger, Professore di Letteratura Inglese, noto commentatore di T. S. Eliot. Qualche anno prima era stato a Roma per un anno come "Fulbright Scholar", per cui parlava italiano e spesso citava versi di Dante, sempre a proposito.

Sempre a breve distanza abita David Thompson, un perfetto gentiluomo nato in Canada che ora è Professore di Arti Teatrali; lo incontro spesso sia in casa sua che in casa mia. Mi piace sentirlo parlare di testi teatrali che avevo letto ma che non sapevo apprezzare al loro giusto valore.

La vita sociale è molto attiva anche fuori da Prospect Park. Ricordo che una volta fui invitato a cena con mia moglie da uno dei conservatori del Museo di Storia Naturale di Saint Paul; aveva in casa l'edizione originale completa dei Souvenirs Entomologiques di Henry Fabre. Era un libro che fin da bambino avevo desiderato avere. Ce l'ho ora, finalmente, ma soltanto in edizione digitale.

Un pomeriggio d'inverno con mia moglie ero in visita da un collega che abitava in una casa sul Cedar Lake, uno dei grandi laghi di Minneapolis. Due persone bussarono all'uscio; erano amici del padrone di casa che, dopo aver attraversato il lago, naturalmente gelato, con gli sci da fondo, chiedevano di rifocillarsi con una tazza di tè prima di riprendere il loro giro. Non conoscevo questi due ospiti inattesi, ma notai subito che la signora aveva un leggero accento francese e una voce che forse avevo già sentito altrove. Durante la conversazione che ne seguì finalmente riuscii a metter ordine nei miei ricordi. Quella signora era Nelly Trocmé, figlia di André e Magda Trocmé, che avevo conosciuta trent'anni prima a Le Chambon sur Lignon.

**Francisco Grande**

Nel Dipartimento di Fisiologia dove lavoro vi sono molti professori con specialità diverse, ma ve n'è uno solo col quale riesco a stringere rapporti di amicizia al di fuori dei normali rapporti professionali. Si chiama Francisco Grande Coviàn, Paco per gli amici. Ha sedici anni più di me e una vasta esperienza di ricercatore, per cui lo vedo quasi più come maestro che come amico.

Paco Grande proviene da Colunga nelle Asturie, al nord della Spagna; il padre, il nonno, e credo anche il bisnonno, erano tutti medici. Anche Paco segue le orme dei suoi antenati e si laurea in medicina all'Università di Oviedo. Ma i suoi interessi culturali trascendono la pratica medica, per cui si reca a Madrid per specializzarsi in Fisiologia sotto la guida di Juan Negrìn.

A Madrid vive nella "Residencia de Estudiantes" dove conosce Federico García Lorca and Luis Buñuel, entrambi membri del movimento culturale "Generaciòn del 27". All'inizio della guerra civile spagnola iniziano le difficoltà; Juan Negrìn, oltre che professore di Fisiologia, è anche membro del Partito Socialista Spagnolo; nel maggio del 1937 diventa Primo Ministro. La situazione politica in Spagna continua a peggiorare a causa dell'intervento militare della Germania e dell'Italia che sostengono il generale Francisco Franco.

Nel marzo del 1939 Franco è in controllo di tutta la Spagna. Negrìn si rifugia a Parigi, Garcia Lorca muore assassinato in circostanze misteriose, Paco vive in incognito nel sud della Spagna per qualche anno in attesa che la situazione politica si normalizzi.

Nel 1952 Ancel Keys, che dirige un laboratorio di fisiologia all'Università del Minnesota, invita Paco a collaborare allo studio degli effetti della dieta sulle malattie cardiovascolari; Paco accetta e si sistema in una casa a Prospect Park con la moglie Gloria e i due figli che si chiamano come i genitori, Paco e Gloria.

Paco junior è un ragazzo molto intelligente e molto simpatico, ma, con rincrescimento del padre, ha interrotto la tradizione della famiglia e non è diventato medico. Ha un temperamento artistico ed ha fatto molti mestieri, cuoco, pittore, attore, fotografo; ha sposato Jessica Lange, una ragazza nata in Minnesota che ha studiato mimica con Étienne Decroux e che più tardi diventerà attrice cinematografica e si separerà dal marito.

La moglie di Paco, Gloria senior, è una cuoca provetta; ci invita spesso a casa sua per gustare varie specialità culinarie. Sia Paco che Gloria sono amanti dell'opera lirica italiana, ma mentre Gloria si accontenta di essere ascoltatrice, Paco non rifugge dall'esibirsi come esecutore in diversi ruoli. Paco ed io ci cimentiamo spesso in molti duetti improvvisati, il nostro repertorio è assai vasto. Le nostre rispettive mogli non apprezzano quanto vorremmo queste esibizioni, ma noi siamo lieti di cantare per il nostro stesso piacere.

Purtroppo per noi nel 1973 Paco e Gloria decidono di tornare in Spagna. La loro permanenza a Minneapolis è stata praticamente un esilio, ma ora la situazione politica in Spagna è radicalmente cambiata e potranno tornarvi con tutti gli onori a loro dovuti. Sono grati all'America che li ha accolti con generosità, ma il richiamo della terra natale è più forte.

## Erlio Gùrpide

Nel dipartimento di Ostetricia e Ginecologia lavora un endocrinologo che proviene dall'Argentina. Si chiama Erlio Gùrpide ed è molto interessato nella cinetica dei traccianti radioattivi. Il suo problema principale è la dinamica di estrogeni e androgeni nell'endometrio. Ci incontriamo per caso a un seminario tenuto nel Dipartimento di Fisiologia e scopriamo di avere un interesse comune.

Decidiamo di approfondire insieme lo studio della cinetica dei traccianti e ci troviamo regolarmente due volte la settimana nel suo laboratorio. All'inizio non abbiamo un piano preciso di lavoro; cerchiamo semplicemente di criticare i metodi noti e di scoprire se e come possano essere migliorati.

Nel libro che avevo pubblicato anni prima con Giorgio Segre avevo definito alcune grandezze quali il "tempo d'uscita" e il "tempo di trasferimento", ma non le avevo studiate a fondo anche perché allora gli strumenti disponibili non permettevano misure molto precise, ed era vano eseguire calcoli precisi partendo da dati approssimati. Ma è passato più di un decennio, vi sono molti più isotopi radioattivi disponibili, si possono eseguire misure con rivelatori assai più sensibili di quelli di cui disponevo a quel tempo. Decidiamo di approfondire questo aspetto della cinetica.

Con pazienza ritracciamo tutto il percorso attraverso il quale eravamo andati Giorgio Segre ed io nella preparazione della "Cinetica dei Farmaci e dei Traccianti Radioattivi", ma questa volta anziché seguire il metodo analitico decidiamo di seguire il metodo sintetico. In altre parole anziché partire da principi generali formulati sulla base di osservazioni sperimentali, decidiamo di descrivere i risultati sperimentali partendo da un modello formale più semplice definito a priori.

Con questo metodo possiamo calcolare i tempi di residenza, di riciclo e di conversione di un certo numero di ormoni e pubblichiamo i risultati sul "Journal of Clinical Endocrinology and Metabolism".

Poco dopo la pubblicazione di questo articolo Erlio Gùrpide viene nominato Professore di Biochimica alla Facoltà di Medicina della City University of New York, per cui dovremo continuare questa linea di ricerca indipendentemente, Erlio con una monografia intitolata "Tracer Methods in Hormone Research", io con una serie di articoli sulla rivista "Journal of Theoretical Biology".

Grazie alla collaborazione con Erlio Gùrpide mi sono reso conto soprattutto dell'importanza di esaminare ogni problema da più di un punto di vista. Sapevo naturalmente che in Matematica si può usare il metodo analitico e il metodo sintetico, che in Geometria prevale il metodo sintetico e in Algebra il metodo analitico. Sapevo anche che esiste la Geometria Analitica, ossia che i due metodi possono incrociarsi, ma non avevo mai dato molta importanza a questo fatto. Ora me ne rendo conto e capisco l'importanza capitale che questo fatto può avere nell'insegnamento di tutte le scienze.

Decido che d'ora in poi mi sforzerò di mostrare ai miei studenti che ogni problema, sia fisico che matematico, si può risolvere in più di un modo, e che non si dovrebbe dire di aver veramente compreso un problema prima di averne trovato la soluzione in almeno due modi diversi.

## La Matematica nell'Europa Medievale

Uno dei vantaggi di questa università, anzi dovrei dire di tutte le università americane che ho conosciuto fino ad ora, è che in uno stesso "campus" sono riunite le varie facoltà che la compongono, in modo che sia possibile, e senza difficoltà logistiche, la comunicazione fra persone interessate in diversi soggetti.

Sfruttando questa possibilità, gli studenti migliori del Collegio di Arti Liberali dell'Università del Minnesota possono scegliere dei corsi monografici in materie diverse da quella della loro specialità in modo da allargare il loro orizzonte culturale.

Io propongo un corso intitolato "La matematica nell'Europa medievale" per gli studenti di materie non scientifiche. La mia proposta viene accettata e inizio subito le mie lezioni di due ore alla settimana per la durata di un semestre.

In realtà nel mio programma vi è molta più matematica italiana che europea, ma non voglio usare il titolo più restrittivo che potrebbe far credere che le lezioni richiedano la conoscenza della lingua italiana. Per questo corso vi è un numero chiuso di venti studenti che viene subito raggiunto; buon segno, significa che fra i giovani che hanno scelto studi umanistici ve ne sono ancora molti con curiosità in altri soggetti e abbastanza coraggiosi da cimentarsi in un argomento nuovo.

Inizio col mostrare l'uso dei numeri romani; tutti gli studenti più o meno già li conoscono, ma nella forma semplificata moderna, che non è esattamente quella usata nel Medio Evo. La prima domanda che mi rivolgono è: "Come è possibile eseguire addizioni, sottrazioni, moltiplicazioni, divisioni usando i numeri romani?"

La risposta è molto semplice: quella notazione è stata elaborata esclusivamente a scopo espositivo, non operativo. Per le operazioni più elementari occorre servirsi dell'abaco, che in realtà non è uno strumento di calcolo, ma semplicemente un registro sul quale vengono raccolti i risultati intermedi delle operazioni parziali eseguite a mente.

Con l'ausilio di disegni tratti da libri dell'epoca mostro come spesso venivano usate le dita per eseguire certe operazioni aritmetiche. Invito gli studenti a dimostrare la validità di quei metodi e ad inventarne dei nuovi. È straordinario come dei giovani che sembrava avessero dimenticato come eseguire la più semplice operazione senza l'uso del calcolatore tascabile, si divertano a inventare nuovi trucchi per risolvere alcuni problemi numerici.

Le lezioni diventano più impegnative quando inizio a parlare dell'introduzione dell'algebra in Europa. Quasi tutti gli studenti hanno studiato il latino, per cui sono in grado di leggere alcune pagine del "Liber Abaci" di Leonardo Pisano e scoprire così, direi quasi di prima mano, come è avvenuta la trasformazione dall'aritmetica all'algebra.

Con esempi presi da autori diversi mostro come molti problemi vennero risolti mediante equazioni di vario grado, ma la questione principale che mi sforzo di chiarire è la trasformazione della notazione matematica da semplice abbreviazione a simbolo. Questa trasformazione, che ha richiesto alcuni secoli per essere completata, è alla base della matematica moderna, senza la quale non sarebbe stata possibile la creazione della tecnica moderna.

**Flauto a becco**

Le sere a Minneapolis sono lunghe, e d'inverno sono anche molto fredde; non sempre invitano a passeggiare. Abbiamo molto tempo a disposizione e decidiamo, mia moglie ed io, di sperimentare una nuova occupazione per il nostro tempo libero. Acquistiamo due flauti a becco di plastica e, con l'ausilio di un manuale per le scuole, iniziamo a studiare i primi elementi di musica.

Scopriamo che, anche se non siamo più giovanissimi, qualche cosa riusciamo ancora ad imparare. Esiste una società chiamata "American Recorder Society" che pubblica un bollettino mensile con notizie varie per gli amanti della musica antica, e in particolare gli indirizzi di gruppi locali con interessi simili.

Molto timidamente un giorno ci presentiamo in uno di questi gruppi che si riunisce tutte le domeniche pomeriggio in una scuola e chiediamo di farne parte. Ci accolgono a braccia aperte. Ne fanno parte una ventina di persone di tutte le età; vi è una suora, una maestra di scuola elementare, un matematico che lavora in una fabbrica di software, un pensionato, un pilota della linea aerea Northwest con la moglie, un panettiere, una infermiera, insomma un assortimento di persone che più assortito di così non potrebbe essere.

L'assortimento poi non si limita alle categorie ed all'età delle persone; vi è anche assortimento di strumenti e di livello musicale. Il matematico suona un piffero (shawm), il pensionato un cortale (rackett), il pilota un cromorno, gli altri suonano flauti a becco, dal soprano fino al basso. C'è chi è interessato alla musica medievale, chi alla musica rinascimentale e chi a quella barocca, ma tutti sono pronti a passare da uno stile all'altro secondo le occasioni ed a concertare i vari strumenti ogni volta che un nuovo pezzo musicale viene proposto.

A Milton in Wisconsin c'è un collegio che offre ogni estate un corso di flauto a becco della durata di una settimana. Vi convengono amanti della musica antica da molte parti del Minnesota, del Wisconsin e dell'Illinois. Sono molte ore di viaggio in automobile, ma non possiamo assolutamente mancare.

I partecipanti sono più di duecento, tutti alloggiati nel collegio. Veniamo divisi in piccoli gruppi; ogni gruppo ha un maestro professionista che ci assegna un pezzo di musica da studiare, poi corregge i difetti di ciascuno con grande pazienza. Lavoriamo col maestro molte ore, mattina e pomeriggio, con una breve interruzione a mezzogiorno per il pranzo. La sera dopo cena siamo liberi, ma che cosa ci resta da fare se non improvvisare suonate e concerti a ruota libera, usando le musiche studiate durante il giorno o composizioni estemporanee?

L'ultimo giorno il formato della scuola è diverso. La palestra del collegio è diventata una sala da ballo. In un angolo della sala i più bravi musicisti suonano allemande, pavane, gagliarde. Il maestro delle danze ci istruisce e dà inizio al ballo finale. Io ho l'onore di ballare con Sister Frances, la suora di Minneapolis. Giovani e vecchi scoprono un nuovo tipo di ginnastica che ad un tempo esercita tutti i muscoli senza esser violenta, richiede attenzione senza stancar la mente, ingentilisce i modi e invita a pensieri gentili. Al termine della danza ci salutiamo promettendo di ritrovarci a Milton l'anno seguente.

**Collegium Musicum**

Sempre nell'ottica della comunicazione fra facoltà diverse, mi trovo una domenica pomeriggio dell'anno 1974 nel Northrop Auditorium, il teatro che si trova al centro del campus, dove si discuteva di alcuni progetti culturali in corso di preparazione. Al termine della riunione Libby Larsen chiede la parola per esporre un suo problema.

Libby Larsen studia Composizione nel Dipartimento di Musica dell'Università del Minnesota; per ottenere il titolo di Master of Arts in Musica doveva, oltre a scrivere una tesi, organizzare un "Masque". Il Masque, nella tradizione inglese del XVI e XVII secolo, era una rappresentazione consistente in balli, canti, pezzi musicali, eseguiti da dilettanti delle classi aristocratiche, spesso diretti da un membro della famiglia reale, per festeggiare un avvenimento familiare importante, come un matrimonio o un battesimo, o semplicemente la festa di Natale.

Nel caso presente, il compito di Libby Larsen è di scegliere delle musiche dell'epoca, concertarle fra un certo numero di studenti, collegarle fra loro con opportuni dialoghi, e infine presentare il tutto in uno spettacolo sotto il titolo di "Collegium Musicum".

La scelta della musica per Libby non era certo un problema; avrebbe anche potuto comporla nello stile dell'epoca se necessario. Il problema era trovare un numero sufficiente di partecipanti al Collegium Musicum.

Mia moglie e io siamo ben consapevoli del nostro dilettantismo, tuttavia ci facciamo coraggio e offriamo le nostre prestazioni a Libby, la quale ci accetta senza riflettere a lungo. Alla prima audizione ci presentiamo, mia moglie con un flauto a becco tenore, io con un basso. Ce la caviamo abbastanza bene nella lettura a prima vista, per cui passiamo questo primo esame.

Mia moglie è molto ben intonata, ma fa fatica a mantenere il tempo dove ci sono terzine o sincopi; io non ho problemi col tempo, anche dove ci sono cambiamenti di ritmo, ma ho talvolta problemi d'intonazione. Saremmo una coppia perfetta se i suoni dei nostri due strumenti potessero unirsi in modo selettivo, ossia armonia del primo e ritmo del secondo.

Dopo la prima settimana di prove Libby decide che devo suonare il cromorno e me ne dà uno da provare. Mi schermisco dicendo che non l'ho mai suonato, ribatte che c'è sempre una prima volta. Alla direttrice bisogna ubbidire tacendo, per cui mi metto a suonare il cromorno.

Per mia fortuna la diteggiatura del cromorno è la stessa del flauto a becco, anche se la gamma è leggermente minore. Ci prendo gusto e decido di comprarne uno. Il suono del cromorno è molto penetrante, devo stare attento a mantenere l'intonazione; qualche volta, nei passaggi molto veloci perdo qualche nota, ma non perdo mai il tempo.

I partecipanti al Collegium Musicum dovevano arrangiarsi a preparare il proprio costume usando quanto disponibile nel guardaroba del teatro universitario, possibilmente con qualche piccola modifica; nel nostro caso mia moglie doveva rappresentare una dama di compagnia della regina Elisabetta Prima, io un vescovo della stessa epoca. Una domenica pomeriggio eravamo in biblioteca per renderci conto dello stile degli abiti di quell'epoca, quando un professore del Dipartimento di Musica dell'Università ci offre due biglietti per un concerto vocale in programma al Northrop Auditorium. Accettiamo, ma mancano pochi minuti all'inizio e dobbiamo correre immediatamente senza il tempo di andar prima a casa per indossare un abito adatto all'occasione. Arriviamo in teatro appena in tempo. Cantava Luciano Pavarotti, che era agli inizi della sua carriera e che non avevamo mai udito prima d'allora. Il programma inizia con "Tre giorni son che Nina" e prosegue con pezzi tutti di autori italiani. Il teatro non è pieno al completo, forse perchè questo programma non era stato annunciato con sufficiente anticipo, tuttavia l'entusiasmo col quale il pubblico presente accoglie Pavarotti è straordinario e il numero di bis richiesti sembra non dover mai aver fine.

Arriva il giorno della nostra rappresentazione. Siamo tutti mascherati con abiti del XVI secolo. Io sono emozionato come nel primo seminario tenuto a Berkeley, mentre mia moglie non mostra nessuna preoccupazione. Libby ottiene il suo titolo di Master of Arts; trent'anni dopo avrà al suo attivo dodici opere e più di quattrocento composizioni di musica vocale e strumentale.

**Seconda Elezione di Nixon**

Le lezioni di Systems Analysis erano il lunedì, mercoledì e venerdì alle 8 di mattina. Il mercoledì 8 novembre del 1972 entro nella solita aula dove tenevo le mie lezioni e vi trovo i miei dodici studenti afflosciati nei loro banchi come fossero fiori di campo appassiti. Trasecolo. Chiedo spiegazioni, e tutto quello che sanno dirmi è: "È stato un disastro!"

Ci metto un po' di tempo a capire quel che è successo. Il martedì precedente vi erano state le elezioni presidenziali; i candidati erano Richard Nixon, presidente in carica, e George McGovern, lo sfidante del Partito Democratico. Nixon proponeva una "pace con onore" in Vietnam, da ottenere passando a poco a poco tutto l'onere dei combattimenti ai vietnamiti. McGovern prometteva di ritirare tutte le truppe americane dal Vietnam, di amnistiare i disertori di quella guerra e di ridurre sostanzialmente le spese militari.

Devo spiegare a me stesso due cose: Perché i miei dodici studenti erano tutti a favore di McGovern? Come mai si illudevano che Nixon potesse essere sconfitto?

Alla seconda domanda è facile rispondere. Facevano l'errore di credere improbabile quello che altri credevano impossibile. È un errore che anch'io faccio continuamente, ed è un errore che penso sia necessario nella mia professione. Ogni volta che mi trovo di fronte a un problema da risolvere, so che non è facile, perché se fosse facile sarebbe già stato risolto da altri. Quel che non so è se è difficile o impossibile da risolvere. Per saperlo devo provare e riprovare non so per quanto tempo. In conclusione, ogni volta che scrivo: "Ho risolto un problema", in realtà bisognerebbe leggere: "Ci sono 999 problemi che non ho saputo risolvere, e non so neppure se sono insolubili o soltanto difficili".

La prima domanda devo riproporla in un altro modo: Perché i dodici studenti dottorandi che avevo di fronte erano tutti a favore di McGovern, mentre il

62% della popolazione americana aveva votato per Nixon? Una ragione, ma non certo l'unica, doveva essere la coscrizione militare, che avveniva selettivamente mediante estrazione a sorte. Questa legge era molto contestata. Gli studenti con una media di voti sufficientemente alta potevano avere un rimando, e molti professori, per protesta, davano voti alti a tutti gli studenti per sottrarli alla coscrizione; ma questa, a mio parere, non era la soluzione giusta, anche se le intenzioni erano buone; infatti per ogni studente sottratto al servizio militare vi era un non studente condannato ad andare a combattere in Vietnam.

James Beck, che avevo conosciuto a Berkeley come dottorando in Fisica Medica e che più tardi era diventato Professore Assistente all'Università del Minnesota, era uno degli attivisti che aiutavano i renitenti alla leva a lasciare gli Stati Uniti e a chiedere asilo in Canada. E la coscrizione militare non era riservata ai cittadini americani, ma obbligava tutti i residenti, di qualsiasi nazionalità, a iscriversi alle liste di leva ed a prestare servizio nell'esercito se la loro data di nascita fosse stata estratta nell'apposito sorteggio. Mio figlio, che aveva l'età adatta per essere arruolato, era pronto a trasferirsi oltre confine.

Oggi la legge di immigrazione del Canada è più complessa, ma a quell'epoca era assai semplice. Non occorreva un visto d'ingresso; chiunque si presentava in buona salute e in possesso di una somma di denaro sufficiente alle prime spese, se giudicato dalle guardie di frontiera di buon carattere e adatto al lavoro, veniva dichiarato "landed immigrant". Il Canada aveva così trovato il modo di popolare con giovani sani e volonterosi una regione estesa all'incirca quanto gli Stati Uniti e una popolazione dieci volte minore.

## Sabbatico

La guerra in Vietnam ha passato il periodo critico; molto lentamente ma inesorabilmente l'impegno americano diminuisce e la tensione politica torna a livelli più normali.

Mio figlio, che ha studiato lingua e letteratura cinese all'Università del Minnesota, ha passato l'estate del 1973 nell'Istituto di Studi Internazionali di Middleburry in Vermont, dove si è perfezionato nella lingua cinese con il metodo di "immersione totale". Alla fine del corso ha ottenuto una borsa di studio per la National Taiwan University nell'Isola di Formosa. Passerà lì un intero anno accademico.

Alla fine dell'anno accademico prima di tornare a casa vorrebbe traversare l'Unione Sovietica in treno per poi fermarsi in Italia a salutare parenti ed amici. Gli occorre un visto di transito. La burocrazia dei paesi che deve attraversare deve valutare la richiesta di un individuo che ha un passaporto italiano, la residenza negli Stati Uniti, proviene dalla Repubblica Nazionalista Cinese e vuol recarsi in Europa. Non è chiaro se il problema sia insolubile o soltanto difficile da risolvere; quel che è certo è che non si può risolvere in un tempo ragionevole, per cui deve abbandonare quel progetto e ritornare a casa seguendo la via più semplice.

Con piacevole sorpresa scopro che ho diritto a tre mesi di sabbatico che posso trascorrere in una università di mia scelta; potrò consultare altri studiosi senza alcun obbligo di insegnamento. La scelta più logica per me è la University of California a Berkeley, dove vi sono molte persone interessate nei miei stessi problemi. Mia moglie ed io decidiamo pertanto di partire nel dicembre del 1973.

Il viaggio è lungo, quattro ore di volo oppure 3310 chilometri di autostrada. I nostri amici ci sconsigliano di intraprendere questo viaggio in automobile in pieno inverno attraverso le Montagne Rocciose e la Sierra Nevada, ma noi siamo coraggiosi, forse anche incoscienti, e partiamo il giorno di Natale.

La prima giornata di viaggio trascorre liscia. Puntiamo verso Sud per raggiungere l'autostrada "Interstate 80" che congiunge New York a San Francisco, e che non lasceremo fino a destinazione. Ci aspettavamo di trovare le strade deserte per via del giorno festivo, ma evidentemente molte persone hanno fatto lo stesso ragionamento e ci sembra che il traffico sia quello di tutti i giorni; ma questo non è un problema. La strada ha molte corsie e c'è spazio per tutti.

I problemi cominciano il secondo giorno di viaggio. Siamo nel Nebraska, una vasta pianura lunga circa 690 chilometri e scarsamente popolata.

Incomincia a nevicare; non importa, diminuiamo leggermente la velocità ma continuiamo il viaggio. A mano a mano che avanziamo nel Nebraska il traffico diminuisce, finché a un certo punto siamo soli sulla strada. I problemi iniziano quando smette di nevicare ma inizia un vento leggero che muove il sottile strato di neve che si è accumulato. Tutto è bianco e piatto attorno a noi; non vediamo più i margini della strada, ma soltanto uno strato uniforme di neve che si muove davanti a noi.

  Ci fermiamo un attimo e mettiamo i piedi a terra per assicurarci di essere ancora sulla strada. Dobbiamo riprendere il viaggio per non rischiare di morir congelati e procediamo a velocità ridottissima per molte ore finché attraversiamo Lincoln, una città di circa duecentocinquantamila abitanti, della quale vediamo soltanto i tetti delle case più alte. Altre ore di viaggio nella stessa situazione ci portano a North Platte, dove la strada comincia a salire. Siamo esausti e decidiamo di fermarci in un motel. Di fianco al motel c'è una costruzione che a prima vista chiamerei una baracca, ma che porta l'insegna pretenziosa di "Ristorante"; siamo troppo stanchi per cercare qualcosa di meglio. Entriamo e ordiniamo una bistecca. Mia moglie ed io concordiamo nel giudicare che mai in vita nostra avevamo gustato una bistecca migliore di quella.

  Il terzo giorno di viaggio inizia di buon'ora, prima che sorga il sole. Non nevica più. Incontriamo molti spazzaneve che passano a velocità folle. Più avanti veniamo a sapere che il giorno precedente, mentre noi attraversavamo il Nebraska, la Interstate 80 era stata chiusa nel Wyoming per la neve. Ora è riaperta, ma si è accumulato il traffico del giorno precedente e dobbiamo procedere lentamente. Siamo sempre in leggera salita e a un certo punto raggiungiamo quota 2.633 metri.

Lo stato del Wyoming è attraversato per il lungo dallo spartiacque delle Montagne Rocciose. In realtà dove passa la nostra autostrada lo spartiacque si divide in due parti per racchiudere una zona del diametro di circa 100 km che forma un bacino dal quale l'acqua raccolta non ha nessuno sbocco né nell'Atlantico né nel Pacifico, ma in parte viene assorbita dal suolo e in parte evapora.

Il versante occidentale delle Montagne Rocciose è molto più ripido del versante orientale. Si scende rapidamente e in poche ore raggiungiamo Salt Lake City nello stato dello Utah. Abbiamo l'illusione di essere finalmente in pianura; in realtà siamo in un altipiano a più di 1280 metri di altitudine.

L'autostrada attraversa la città e passiamo vicino al Tempio dei Mormoni che troneggia come un cane pastore che protegge il suo gregge. Cerchiamo un motel fuori della città e finalmente possiamo riposarci.

Mancano circa 1200 km per raggiungere la nostra destinazione, e dobbiamo ancora attraversare la Sierra Nevada. Ci facciamo forza e il quarto giorno ripartiamo di buon'ora.

La prima parte di questa tappa attraversa il Deserto del Lago Salato; è un rettifilo di 60 chilometri di una monotonia tale da far temere di cadere in autoipnosi. Del resto del viaggio ricordo poco; mia moglie ed io ci alterniamo spesso al volante per esser sicuri di non addormentarci e continuamo così fino a raggiungere Berkeley a notte inoltrata. Ci fermiamo nel primo motel che incontriamo; siamo sfiniti.

## Berkeley

A Berkeley dobbiamo trovare un alloggio per i prossimi tre mesi, ma non è una cosa facile come era stata dodici anni prima. La contea Alameda, che comprende le città di Oakland e Berkeley più alcune città minori lungo la Baia di San Francisco, ha promulgato delle nuove leggi che regolano i contratti d'affitto di case e appartamenti d'abitazione. Certamente le intenzioni del legislatore erano di aiutare i meno abbienti a procurarsi un alloggio confortevole a un prezzo equo, ma il risultato era stato molto diverso: chi aveva un contratto d'affitto conveniente se lo teneva, chi non l'aveva faticava a trovarne uno perché i padroni di casa preferivano vendere che affittare.

Ancora una volta la fortuna ci aiuta. Quando la mattina ci accingiamo a lasciare il motel per iniziare la nostra ricerca, il gestore, che dal nostro nome ha capito che siamo italiani, ci dice che sua moglie è italiana e vuol farcela conoscere. Incontriamo questa signora che proviene da un paese del Piemonte e che parla un dialetto che facciamo fatica a capire; facciamo colazione insieme, poi ci presenta a una sua amica che amministra un complesso di appartamenti di fronte al campus di Berkeley. Un appartamento è miracolosamente disponibile per tre mesi; è sicura che fra tre mesi ce ne andremo, per cui non ha nessuna difficoltà a concedercelo. Prima di mezzogiorno siamo sistemati nella nostra nuova residenza,

Il nostro nuovo appartamento è completamente ammobiliato e comprende anche un posto per l'automobile, il prezzo è conveniente, il luogo è silenzioso, posso raggiungere l'Università a piedi in cinque minuti. I colleghi ai quali racconto che ho trovato un tale alloggio così in fretta pensano che io abbia delle connessioni segrete con la mafia locale.

Per la verità in quei tre mesi a Berkeley non riuscii a portare a termine nessun lavoro interessante, eccetto un incontro con due matematici famosi, Stephen Smale e Morris Hirsch, che stavano preparando una monografia intitolata "Differential Equations, Dynamical Systems, and Linear Algebra" nella quale un capitolo era dedicato ai miei studi di ecologia.

**Patricia Hearst**

Il 4 febbraio eravamo a Berkeley da un mese esatto quando avvenne un episodio che per i suoi molteplici aspetti merita alcune pagine di descrizione. Patricia Hearst, una ragazza di vent'anni che abitava in un appartamento a poche centinaia di metri dal nostro, era stata sequestrata da un gruppo terroristico del quale nessuno aveva sentito parlare prima d'allora.

Patricia Hearst era la nipote di William Randolph Hearst, un multimilionario padrone di molti giornali, noto al gran pubblico soprattutto per il film "Citizen Kane" di Orson Welles, che lo presentava sotto una luce piuttosto sinistra. I sequestratori avevano assunto il nome di "Symbionese Liberation Army" e chiedevano, per la liberazione della ragazza, che la famiglia Hearst distribuisse a tutte le famiglie povere della California delle porzioni di cibo il cui costo avrebbe dovuto aggirarsi intorno a centinaia di milioni di dollari.

La famiglia Hearst rifiutò, ma contribuì alla creazione di un gruppo di donatori anonimi che offrirono a un certo numero di famiglie residenti attorno alla Baia di San Francisco dei pacchi di cibo per un valore di circa sei milioni di dollari. I terroristi ritennero la contro offerta insufficiente e rifiutarono di liberare la ragazza.

L'FBI era naturalmente molto attivo nella ricerca dei rapitori e della rapita ed era quasi certo che non si fossero allontanati dalla zona attorno a Berkeley e San Francisco, ma era giunta la metà di aprile e le ricerche erano ancora infruttuose, quando avvenne un fatto assolutamente inatteso.

Entro il 15 aprile di ogni anno tutti i residenti degli Stati Uniti devono presentare il rendiconto dei guadagni dell'anno precedente e pagare la tassa dovuta. Poiché chi ha un debito tende sempre ad attendere l'ultimo giorno per pagarlo, quello è uno dei giorni in cui le banche sono più affollate del solito. Il 15 aprile del 1974 una banda armata fece irruzione in una succursale della Hibernia Bank di San Francisco e si impossessò di tutto il contante disponibile; il bilancio della rapina fu di 10.692 dollari più un morto e un ferito. Le telecamere della banca registrarono coscienziosamente quanto stava accadendo: fra i componenti della banda armata era chiaramente riconoscibile Patricia Hearst che imbracciava un fucile semiautomatico.

Venne emesso un mandato di cattura e la vittima diventata terrorista fu arrestata il 18 settembre del 1975 in un appartamento di San Francisco insieme ad altri componenti della Symbionese Liberation Army. Nel processo che ne seguì Patricia Hearst fu condannata a sette anni di reclusione per rapina a mano armata, ma il Presidente Jimmy Carter ne ordinò la scarcerazione dopo soltanto ventidue mesi di detenzione.

Sette anni di reclusione per rapina a mano armata e concorso in omicidio sono pochi, ventidue mesi sono troppi per essere stata la vittima di un sequestro di persona e di violenze fisiche e psicologiche.

Tutti gli altri componenti della Symbionese Liberation Army erano stati catturati o uccisi in scontri con la polizia.

**Watergate**

I miei studenti di Systems Analysis, che avevano tanto sofferto per la seconda elezione di Nixon, provarono la soddisfazione di veder la fine anticipata della sua presidenza l'8 agosto 1974. Ma esaminiamo i fatti con ordine.

Il Comitato Nazionale Democratico è l'organo del Partito Democratico incaricato di scrivere ogni quattro anni il programma da presentare al pubblico per le elezioni presidenziali. Verso la fine del mese di maggio 1972 quel Comitato era riunito in alcuni locali che aveva affittato nell'albergo Watergate di Washington. Un inserviente dell'albergo incaricato delle pulizie giornaliere aveva trovato in uno di quei locali alcuni microfoni nascosti e li aveva rimossi. Il giorno seguente altri microfoni erano stati ricollocati allo stesso posto dei precedenti. Evidentemente qualcuno desiderava spiare le conversazioni e discussioni che avevano luogo fra i membri del Comitato Nazionale Democratico.

Una volta dato l'allarme intervenne l'FBI, la polizia investigativa federale, che scoprì l'esistenza di un fondo segreto col quale il comitato per la rielezione di Nixon aveva finanziato diverse attività illegali. Una speciale commissione venne creata dal Senato per approfondire queste indagini, in seguito alle quali numerosi funzionari del Governo vennero condannati a pene varie per reati connessi all'affare Watergate e per altri reati che vennero a galla a poco a poco.

Dalle indagini risultava chiaro che il presidente Nixon era coinvolto in tutte le azioni illegali dei funzionari suoi dipendenti, ma la commissione del Senato non aveva il potere di agire nei confronti del Presidente. A questo punto entrò in azione la Camera dei Rappresentanti, la quale iniziò la procedura di "impeachment", ossia il rinvio del Presidente al giudizio del Senato che con la maggioranza di due terzi lo può rimuovere dalla carica. Prima che la Camera dei Rappresentanti votasse l'impeachment, Nixon, certo di un voto a lui sfavorevole, si dimise dalla carica di Presidente.

Il Vice Presidente Gerald Ford divenne Presidente e il primo atto nella sua nuova carica fu di amnistiare Nixon da tutti i reati commessi, inclusi falsa testimonianza ed evasione fiscale.

Nella storia degli Stati Uniti, dalla fondazione al tempo presente, Nixon è stato l'unico presidente in carica a dimettersi. Due presidenti, Andrew Johnson nel 1868 e Bill Clinton nel 1999 subirono l'impeachment, ma in entrambi i casi il Senato non raggiunse la maggioranza necessaria per rimuoverli dalla carica.

# CAPITOLO 11: BETHESDA

**National Institute of Health**

Il National Institute of Health (NIH) è un ente del governo federale con un bilancio di molti miliardi di dollari all'anno, che si occupa di ricerche nel campo biomedico. Una parte del bilancio è spesa in contratti con altri enti di ricerca, sia pubblici che privati; il resto serve a gestire i vari istituti che compongono l'NIH e che sono collocati per la maggior parte in un grande campus a Bethesda, un sobborgo di Washington. L'edificio principale del campus di Bethesda è un ospedale dedicato interamente a ricerche cliniche.

Nel 1976 l'NIH mi propone di lavorare per due anni nel Laboratory of Theoretical Biology, dove dovrei occuparmi in particolare di modelli stocastici, ossia dello studio della cinetica di sostanze che seguono processi governati da leggi probabilistiche anziché deterministiche. Non avrei nessun obbligo d'insegnamento, ma la posssibilità di presentare i risultati delle mie ricerche a un gruppo numeroso di studiosi della mia materia.

Mi dispiace lasciare l'insegnamento, anche se soltanto per un tempo limitato, ma in compenso avrò la possibilità di esplorare alcuni nuovi problemi e di acquistare varie esperienze. Decido perciò di accettare. Continuerò a ricevere lo stipendio dall'Università del Minnesota, la quale verrà rimborsata dall'NIH.

## Alloggio

Mia moglie ed io arriviamo a Bethesda in automobile nel giugno del 1976. L'NIH provvede al trasporto dei nostri mobili, che ci raggiungeranno fra una settimana o due; nel frattempo dobbiamo darci da fare e trovare un alloggio. Portiamo con noi sacchi a pelo e materassini pneumatici in modo da poter subito occupare un appartamento ed attender lì l'arrivo dei mobili.

Nella ricerca di un appartamento adatto abbiamo una sorpresa: i prezzi degli affitti non sono per nulla proporzionali alla qualità degli alloggi. Fidandoci della pubblicità dei giornali quotidiani visitiamo un buon numero di appartamenti offerti in affitto e dopo un giorno intero di ricerche non siamo ancora riusciti a trovarne uno che ci convenga. Siamo stanchi di provare e riprovare quando per caso passiamo davanti a un grosso edificio immerso in un parco circondato da un muro e custodito da una guardia. Ha tutta l'aria di un posto di extra lusso, mia moglie non vuole neppure entrare pensando si tratti di una residenza per milionari. Io insisto: provare non ci costa nulla.

Entriamo e parliamo con l'amministratore. Ci offre un appartamento al terzo piano con vista sul parco, macchine lavatrice e asciugatrice, un posto per l'automobile nel garage riscaldato, il tutto a un prezzo sì e no del 5% superiore al prezzo di appartamenti di qualità inferiore del 50%. Vi è anche una piscina all'aperto ed una all'interno riscaldata, a disposizione degli inquilini. Un vantaggio supplementare è che posso raggiungere il mio posto di lavoro a piedi in meno di mezz'ora. Firmiamo un contratto e prendiamo possesso dell'appartamento immediatamente.

In attesa dell'arrivo dei mobili possiamo dormire nei sacchi a pelo che ci siamo portati; alcuni colleghi americani ci prestano un paio di sedie e qualche pentola, sufficienti a creare un menage temporaneo.

Dopo diversi anni di vita randagia ci siamo abituati a questi frequenti arrangiamenti. I prestiti di suppellettile sono una cosa normale fra i "nomadi del ventesimo secolo" che sono abituati ad aiutarsi l'un l'altro.

**Washington**

Se da Bethesda si segue la Connecticut Avenue in direzione sud si raggiunge Washington senza soluzione di continuità, per trovarsi di fronte alla Casa Bianca, residenza del Presidente degli Stati Uniti. Dalla Casa Bianca la Pennsylvania Avenue conduce al Capitol, sede del Senato e della Camera dei Rappresentanti.

È impossibile trovarsi in quei luoghi senza provare delle sensazioni contrastanti. Nella storia europea recente gli Stati Uniti intervennero due volte in guerre iniziate in Europa senza di loro e concluse grazie al loro intervento.

Dopo quelle due guerre, e in gran parte grazie a quelle due guerre, la potenza militare e industriale degli Stati Uniti è andata progressivamente e inevitabilmente aumentando, fino a raggiungere il livello attuale, che li rende oggi la nazione più potente del mondo. Non posso far di meglio che citare i famosissimi versi di Virgilio:

> *tu regere imperio populos, Romane, memento:*
> *(hae tibi erunt artes), pacique imponere morem,*
> *parcere subiectis et debellare superbos*

e in particolare quel "pacique imponere morem" che in alcuni testi è diventato "pacisque imponere morem".

Ricordo che da giovane liceale vedevo due possibili traduzioni di quel trittico. La prima traduzione, con il genitivo "pacis", poteva essere "dettare le condizioni della pace"; la seconda, con il dativo "paci", doveva invece essere "instaurare i costumi a vantaggio della pace".

Quale dei due significati era nella mente di Virgilio? Una domanda del genere non ha senso per un poeta, che parla al cuore, non al cervello di chi lo legge.

## Laboratory of Theoretical Biology

Il Laboratory of Theoretical Biology è diretto dal dottor Mones Berman, nato in Lituania, immigrato negli USA nel 1938. Vi lavorano una ventina di ricercatori che si occupano di diversi problemi. La maggior parte è interessata alla gestione di un programma di calcolo chiamato SAAM (Simulation, Analysis and Modeling) sviluppato da Mones Berman con l'aiuto di Marjorie Weiss.

Per lavorare nel campo dei modelli stocastici invito a Bethesda il dottor Ajit Thakur che ha appena ottenuto un Ph. D. sotto la mia guida a Minneapolis. Con lui scriverò alcuni articoli sui modelli stocastici che verranno pubblicati sul Bulletin of Mathematical Biology e sul Journal of Physical Chemistry.

Con il dottor Charles DeLisi, che si occupa di immunologia, collaborerò nell'elaborazione di un modello dell'interazione fra linfociti e cellule tumorali. I nostri risultati saranno pubblicati dal Bulletin of Mathematical Biology.

## SAAM

Ripensando oggi a quello che facevano molti dei ricercatori interessati al SAAM, non posso fare a meno di ricordare una famosa frase che Verdi aveva usato in una lettera alla Contessa Maffei: "Copiare il vero può essere una buona cosa, ma *inventare il vero* è meglio, molto meglio." E poi più oltre: "Copiare il vero è una bella cosa, ma è fotografia, non pittura."

"Copiare il vero" era esattamente quello che la maggior parte degli utenti del SAAM faceva. I dati sperimentali ottenuti in studi di cinetica venivano introdotti nel computer, il programma li elaborava e il risultato veniva trasformato in una somma di funzioni esponenziali. Ad ogni funzione esponenziale corrispondeva un compartimento e l'insieme di quei compartimenti veniva chiamato "modello compartimentale". Ora qualsiasi raccolta di dati, se non troppo irregolari, può venir trasformata in una somma di funzioni esponenziali, e questa somma di esponenziali in un modello compartimentale. Ma questo "modello compartimentale" che valore conoscitivo ha? Che informazione ci fornisce se non quella di essere consistente con i dati sperimentali dai quali siamo partiti?

Nel pensiero di Verdi, "inventare il vero" significava creare un modello, ossia inventare un modo di essere che l'oggetto in studio deve seguire. Gli esperimenti ci diranno se l'invenzione è *vera* o *falsa*; se vera, il modello è confermato, se falsa, il modello è respinto. Un programma di calcolo che dà risultati che non possono mai essere falsificati non ci dirà mai niente di nuovo.

Ciò che rendeva il SAAM molto popolare era la sua facilità d'uso e più ancora il fatto che i suoi risultati erano sempre positivi. Per ottenere la registrazione di un nuovo farmaco è necessario presentare una documentazione che ne mostri, oltre alle necessarie virtù terapeutiche, le caratteristiche farmacocinetiche. Ora i risultati ottenuti dal SAAM erano una vera manna perché facili da ottenere senza la necessità di elaborare ipotesi complicate e, non ultimo vantaggio, erano ricchi di numeri, i quali sono sempre difficili da confutare.

Quel che Verdi chiamava *il vero*, per Francesco De Sanctis era *il reale*: "E il reale nell'arte non è l'accaduto, non è natura e non è storia, ma è il loro riflesso nell'immaginazione, come il reale in filosofia è il loro riflesso nell'intelletto, e come il reale in religione è il loro riflesso nel sentimento." E qui vorrei aggiungere che il reale in Farmacocinetica, come in qualsiasi scienza sperimentale, è nella *verificabilità*. Se i dati misurati sono accettati senza aver prima enunciato un'ipotesi, o quando le ipotesi sono enunciate ma non sono verificabili, si ha la decadenza della Farmacocinetica.

Il dottor Richard Moore, uno dei ricercatori che avevo conosciuto e che era molto attivo nel campo dei computer, usava dire, metà per celia e metà seriamente, che "Con un calcolatore si possono fare molti più errori e molto più in fretta che a mano". In termini più benevoli la frase può essere modificata in "Un calcolo fatto a macchina non è più esatto di un calcolo fatto a mano".

**Harpers Ferry**

Da Washington in pochi minuti si possono raggiungere molte località interessanti. Una delle mete turistiche più frequentate è Harpers Ferry, un villaggio di poche centinaia di abitanti alla confluenza dei fiumi Potomac e Shenandoah, nel punto in cui la West Virginia confina con la Virginia e il Maryland. La visita a questo paese è equivalente a un'immersione nella storia americana.

È in questa località che il 16 ottobre del 1859 John Brown con altri venti uomini espugnarono l'arsenale dove erano custodite le armi di un distaccamento militare; il progetto era di iniziare un'insurrezione di tutti gli schiavi degli stati del sud. Forse John Brown pensava alla rivolta degli schiavi romani guidati da Spartaco, ma le condizioni storiche erano evidentemente molto diverse.

Fra gli insorti soltanto cinque erano neri, dei quali tre non erano mai stati schiavi, uno era uno schiavo liberato e l'altro un evaso. Nessun'altro osò unirsi agli insorti, e la ragione era che i neri importati negli Stati Uniti provenivano da molte località diverse, parlavano lingue diverse, non avevano mezzi di comunicazione fra loro, in breve mancavano di quello che i marxisti avrebbero chiamato "coscienza di classe".

Appena si sparse la voce dell'insurrezione, i residenti locali chiesero l'aiuto dell'esercito; il 18 ottobre arrivarono 86 Marines comandati dal Tenente Colonnello Robert Edward Lee. Gli insorti si rifugiarono nella caserma dei pompieri, ma i Marines in pochi minuti l'espugnarono; dieci degli insorti morirono nel combattimento, fra cui due dei figli di John Brown. Dei rimanenti, cinque riuscirono a fuggire e sette furono catturati, processati come terroristi e impiccati.

Ancora oggi negli Stati Uniti la figura di John Brown è molto controversa. Per alcuni era un pazzo maniaco, per altri un eroe.

Questo episodio è importante nella storia degli Stati Uniti perché è uno dei prodromi di quella che sarà la guerra civile che durò dall'aprile del 1861 all'aprile del 1865, e nella quale Harpers Ferry cambiò di mano ben otto volte.

**Robert Lee**

Se John Brown è una figura difficile da giudicare, non lo è meno lo stesso Lee, che aveva represso la tentata rivolta di Harpers Ferry, ma che in diverse occasioni si era espresso con chiarezza contro la schiavitù in quanto male politico e morale, e la cui famiglia aveva organizzato ad Arlington nello stato della Virginia una scuola per insegnare agli schiavi a leggere e scrivere, in violazione delle leggi vigenti.

Nelle elezioni presidenziali del novembre 1860 Abraham Lincoln del partito repubblicano aveva sconfitto con una maggioranza relativa dei voti popolari John Breckinridge del partito democratico; in seguito a questa elezione, fra il 20 dicembre e il 1° febbraio sette stati del sud che facevano parte degli Stati Uniti decisero di separarsi per formare una nuova Confederazione. Robert Lee, che nel frattempo era stato promosso colonnello, ricevette dal neo presidente Lincoln l'offerta di comandare un reparto dell'esercito degli Stati Uniti con il grado di Maggior Generale. In un primo tempo Lee accettò, ma quando la Virginia, suo stato natale, il 17 aprile del 1861 si unì agli Stati Confederati, abbandonò ogni dubbio e assunse il comando di un reparto di soldati dello stato della Virginia, e più tardi di tutto l'esercito confederato.

La scelta fra la lealtà verso il suo Stato piuttosto che verso gli Stati Uniti, o verso l'umanità senza etichette nazionali, non fu certo una scelta facile.

## Garibaldi

Non molti degli americani che conobbi durante il mio soggiorno negli Stati Uniti ne erano al corrente, ma è un fatto molto ben documentato che Giuseppe Garibaldi, l'eroe dei due mondi, durante la guerra civile americana fu invitato dal presidente Lincoln, mediante diversi intermediari, a prendere il comando di un reparto dell'esercito degli Stati dell'Unione per combattere contro gli Stati Confederati.

Garibaldi era all'isola di Caprera, reduce dalla campagna dei "Mille" che aveva liberato i Regni della Sicilia e di Napoli dai Borboni, quando l'8 settembre del 1861 ricevette la visita di Henry Shelton Sanford, un funzionario dei servizi segreti degli Stati Uniti, che gli portava un messaggio del presidente Lincoln.

Un anno più tardi, e precisamente il 1° settembre del 1862, Theodore Canisius, console americano a Vienna, gli scrisse per rinnovare la stessa proposta. Quando Garibaldi ricevette quella lettera si trovava nella prigione di Varignana; era stato ferito ad Aspromonte in Calabria e fatto prigioniero dalle truppe del Re Vittorio Emanuele II per aver tentato, con un'impresa simile a quella dei Mille, di liberare Roma dal dominio papale e annetterla al Regno d'Italia.

Questi e altri contatti non portarono a risultati concreti perché ogni volta Garibaldi chiedeva una esplicita dichiarazione che lo scopo della guerra in corso fosse l'emancipazione degli schiavi e non semplicemente una guerra civile per la riannessione di alcuni stati ribelli. Tutto quello che il Presidente Lincoln potè fare fu di promettere che al termine della guerra la schiavitù sarebbe stata abolita, ma come conseguenza della guerra, non come suo scopo preciso. Il perché di questa riluttanza può essere spiegato col fatto che l'abolizione della schiavitù richiedeva una revisione della costituzione americana e non poteva essere decisa con un decreto presidenziale, oppure per il timore che qualsiasi dichiarazione troppo categorica avrebbe messo in pericolo una coalizione di stati tenuti insieme a fatica.

### Emancipazione degli schiavi

Il 6 dicembre del 1865, meno di un anno dalla fine della guerra civile, entrò in vigore il Tredicesimo Emendamento della Costituzione degli Stati Uniti che aboliva la schiavitù.

Gli schiavi liberati che decisero di restare presso i loro ex padroni continuarono a essere impiegati negli stessi lavori, ma scoprirono ben presto che la produzione industriale degli stati del nord rendeva la loro mano d'opera sempre meno preziosa; quelli che migrarono verso il nord vi trovarono un clima rigido al quale non erano abituati e un ambiente sociale che li considerava con diffidenza.

Era finita la schiavitù come tale, ma non era finita la diseguaglianza dei diritti civili. In molti stati gli ex schiavi e i loro discendenti dovettero attendere un intero secolo prima che una legge riconoscesse l'eguaglianza dei loro diritti e la validità dei matrimoni fra individui di razze diverse.

I timori di Garibaldi, dopo tutto, non erano completamente infondati.

# CAPITOLO 12: CALGARY

**Killam Fellowship**

James Beck, che avevo conosciuto a Berkeley quando studiava per un Ph. D., è ora Professore di Biofisica all'Università di Calgary in Alberta, dove si interessa della cinetica dell'insulina insieme a Joseph Goren, Professore di Biochimica. Entrambi mi propongono di studiare con loro alcuni problemi di cinetica dell'interazione farmaci-recettori utilizzando un fondo di ricerca intitolato a Izaak Walton Killam.

Izaak Walton Killam era nato nel 1885 nella Nova Scotia, una penisola all'Est del Canada, da una famiglia di modeste condizioni; in pochi anni, lavorando prima come impiegato in una banca poi come industriale della carta e nella produzione di energia idroelettrica, aveva ammassato una fortuna che lo rendeva probabilmente uno degli uomini più ricchi del Canada. Alla sua morte la moglie gli sopravvisse dieci anni e raddoppiò il valore dei beni ereditati dal marito. La signora Killam a sua volta, non avendo figli, destinò a cinque Università canadesi, fra cui l'Università di Calgary in Alberta, un lascito per pagare stipendi a studiosi stranieri che potessero onorare la memoria del marito.

La posizione di "Killam Visiting Fellow" all'Università di Calgary è un'ottima occasione per me per approfondire un soggetto che mi interessa da molto tempo. Decido senz'altro di accettare e raggiungo Calgary appena termina il mio impegno con l'N.I.H.

## Calgary

La città di Calgary è collocata in un vasto altopiano a circa mille metri di altitudine a Est delle Montagne Rocciose Canadesi e a 51 gradi di latitudine Nord. Il clima estivo è ottimo; l'inverno è lungo ma molto variabile. La temperatura media in gennaio è $-9\ ^0C$ con punte di $-30\ ^0C$ e occasionalmente anche $-45\ ^0C$; tuttavia le ondate di freddo sono spesso interrotte da un vento chiamato Chinook che proviene dalle Montagne Rocciose e può innalzare la temperatura fino a $15\ ^0C$ in poche ore.

Il Chinook è simile al vento Favonio o Föhn frequente in primavera nelle Prealpi Lombarde e nel Canton Ticino. Quando il vento dominante che proviene dall'Oceano Pacifico raggiunge il versante Ovest delle Montagne Rocciose, nel prendere quota subisce un raffreddamento adiabatico dovuto alla diminuzione della pressione atmosferica; la temperatura minima è raggiunta in vetta, per poi aumentare sul versante Est lungo il quale la pressione aumenta per la perdita di quota. In queste condizioni il fenomeno è reversibile, per cui la temperatura dell'aria nella pianura a Est delle Montagne Rocciose è circa uguale a quella a Ovest. La situazione cambia quando lungo il versante occidentale l'umidità contenuta nell'aria si condensa in forma di pioggia o neve; il processo di condensazione provoca la liberazione di una notevole quantità di energia termica. Questo processo ora non è più reversibile; l'energia liberata sul versante Ovest non viene riassorbita nel versante Est, per cui qui la temperatura del vento è molto maggiore e la sua umidità molto minore.

## University of Calgary

La University of Calgary, dopo essere stata per vent'anni semplicemente un campus staccato dell'Università dell'Alberta la cui sede principale era a Edmonton, è diventata un'università autonoma nel 1966. Al mio arrivo aveva soltanto dieci anni di vita, ma era già molto attiva, con un'ottima biblioteca e moderni laboratori.

La cosa che più mi stupisce è che la stanza che mi viene offerta come ufficio è ampia, ben arredata, con larghe finestre, ma non ha un interruttore per la luce. Ciò non significa che non si possa accendere la luce, significa che non la si può spegnere. Quando fu costruito questo edificio il costo dell'energia elettrica a Calgary era talmente basso che i progettisti calcolarono fosse più economico usare un solo interruttore generale per tutto l'edificio. Forse ora le cose sono cambiate, ma allora quella sembrava la soluzione logica.

Mi metto subito al lavoro con Beck e Goren per elaborare un modello che permetta di misurare le costanti di associazione dei recettori di biomembrane. Pubblicheremo i risultati sul Bulletin of Mathematical Biology dando credito alla Fondazione Killam per aver finanziato il nostro lavoro.

**Banff National Park**

La massima attrazione nelle vicinanze di Calgary è il Banff National Park, un magnifico parco nazionale sulle Montagne Rocciose a circa cento chilometri da Calgary. Vi sono enormi boschi di conifere, laghi alpini, ghiacciai.

Quasi tutti i fine settimana vado con mia moglie al parco di Banff. Ogni volta possiamo fare una gita diversa ed esplorare un nuovo paesaggio. La fauna è interessantissima; al di sopra dei duemila metri è facile incontrare la marmotta canuta (*Marmota caligata*), più grossa della marmotta delle nostre Alpi (*Marmota marmota*) e assai più facile da avvicinare.

Le specie di mammiferi più numerose sono naturalmente capre di montagna (*Oreamnos americanus*) e pecore dal grancorno (*Ovis canadensis*). Fra i predatori non è difficile incontrare il coguaro o puma (*Puma concolor*), un grosso gatto che può pesare fino a cento chili, la lince canadese (*Lynx canadensis*), più piccola della lince europea, il ghiottone (*Gulo gulo*), che fa parte della famiglia dei mustelidi, ma ha una bellissima pelliccia che lo fa assomigliare a un piccolo orso.

Secondo le guide locali ci dovrebbero essere anche orsi grigi (*Ursus arctos*) e orsi grizzly (*Ursus arctos horribilis*), che normalmente non assaltano l'uomo, ma possono essere pericolosi se spaventati; io per fortuna non ne ho mai incontrati.

**Visita in Sud Africa**

Durante il mio soggiorno a Calgary il professor Michael Sears mi invita a passare una settimana all'Università del Witwatersrand a Johannesburg. Conosce i miei lavori sulla dinamica di popolazioni che avevo pubblicato anni prima e mi prospetta la possibilità di applicarli all'ecologia della fauna locale.

Il viaggio è lungo ma la mia curiosità è grande e temo che un'occasione simile non mi si presenterà un'altra volta. Perciò non esito ad accettare e parto il 17 settembre del 1979; è l'inizio dell'autunno a Calgary.

Arrivo a Johannesburg la mattina del giorno seguente all'inizio della primavera. Raggiungo l'albergo che era stato prenotato per me, mi rinfresco, e sono subito all'Università dove mi fanno incontrare molti professori ordinari, associati e assistenti.

La prima cosa che mi colpisce è la varietà di nazionalità delle persone che mi vengono presentate. Pochissimi dei componenti il Dipartimento di Matematica sono nati in Sud Africa; molti sono israeliani arrivati qui di recente, due sono scozzesi, uno australiano del Queensland, uno olandese, uno romeno, uno è nord americano ma ha passato molti anni in Brasile, una signora è americana ma ha sposato un sudafricano, e così potrei continuare col più grande assortimento di persone che avessi mai visto.

Non sono abituato a sostenere conversazioni veloci e in presenza di molte persone, specialmente dopo una notte passata in aeroplano. Faccio fatica a restare sveglio e devo fare un grande sforzo per essere gentile con le persone delle quali sono ospite.

A mezzogiorno mi conducono nel ristorante dell'università dove mi offrono un pranzo a base di selvaggina. Non ricordo da quali specie fosse composto, ricordo soltanto che era carne tenerissima e che non sapeva per nulla di selvatico.

La sera sono esausto e chiedo di essere scusato. Vado a letto senza cena e dormo per dodici ore di seguito per ritornare in condizioni normali il giorno dopo.

Il mercoledì seguente è più riposante. Mi fanno fare un giro dei vari dipartimenti dell'università perché mi renda conto di tutte le possibilità di collaborazione che vi sono.

Quel che più mi colpisce è lo stabulario ricco di una varietà impressionante di animali da esperimento. Osservo col più grande stupore una giovane ricercatrice che maneggia un babbuino (*Papio ursinus*) che si lascia preparare per una elettroencefalografia senza necessità di venir immobilizzato.

Nello stesso edificio un'altra ricercatrice sudafricana lavora con diversi ibridi di api (*Apis mellifera*), ma è meno abile o meno fortunata della sua collega, perché vedo che ha più di una puntura sulle mani.

Il giovedì la visita assume un carattere ufficiale. Vengo fatto sedere a un tavolo nell'ufficio del decano della facoltà di scienze insieme a una ventina di persone che rappresentano il senato accademico e il consiglio d'amministrazione dell'università. Tutti, a turno, mi fanno domande di ogni genere, dai miei interessi culturali ai miei passatempi. Non mi aspettavo questo interrogatorio. Sono tutti molto gentili, ma non posso fare a meno di sentirmi come un imputato sotto processo.

Anche questa giornata passa. I giorni seguenti sono dedicati esclusivamente a giri turistici e a riunioni conviviali. Riparto dopo una settimana esatta per ritornare a Calgary.

Sei giorni dopo il mio rientro in sede ricevo una lettera dell'Università del Witwatersrand che mi offre una cattedra di Biomatematica "ad hominem".

# CAPITOLO 13: JOHANNESBURG

## Unione del Sud Africa

Le quattro colonie britanniche Cape, Natal, Transvaal e Orange Free State erano state unite nel 1910 per formare un nuovo Dominio dell'Impero Britannico, col nome di "Unione del Sud Africa", insieme a Canada, Australia, Nuova Zelanda e Newfoundland.

Il 20% circa della popolazione totale era di origine europea; le lingue ufficiali erano l'afrikaans, un dialetto dell'olandese parlato dai primi coloni giunti in Sud Africa, e l'inglese. Il resto della popolazione era in gran maggioranza nativo dell'Africa e parlava molte lingue diverse; una minoranza di indiani era giunta nella seconda metà del diciannovesimo secolo per lavorare nelle piantagioni di canne da zucchero, e una ancor più piccola minoranza di cinesi era arrivata all'inizio del ventesimo secolo per lavorare nelle miniere d'oro.

La schiavitù era stata abolita in tutto l'Impero Britannico nel 1833 con la legge "Slavery Abolition Act", ma questa legge non impediva di dividere la popolazione in diverse classi non secondo i meriti personali ma secondo criteri arbitrari.

Il 19 giugno del 1913 nell'Unione venne approvata una legge detta "Natives Land Act" con la quale il 7 % della superficie nazionale veniva destinato a riserve dove le persone di razza nera potevano essere proprietari terrieri. Da queste riserve, assolutamente insufficienti ad alimentare l'intera popolazione nera dell'Unione, i coloni bianchi potevano reclutare mano d'opera a buon mercato da impiegare nelle miniere e nelle tenute agricole. Da un giorno all'altro tutte le persone di colore, che costituivano l'80% della popolazione totale, erano diventate cittadini di seconda classe nella nazione dove vivevano da molte generazioni.

 Le elezioni nazionali del 1948 vedevano in lizza due partiti: United Party e National Party. Il segretario dell'United Party era il generale Jan Christiaan Smuts, nativo della colonia del Capo, una persona colta e nota sul piano internazionale per aver collaborato alla fondazione della Società delle Nazioni. Jan Smuts, che a quell'epoca era Primo Ministro dell'Unione, aveva dichiarato che segregare i nativi del Sud Africa nei loro villaggi era un'idea assurda; tuttavia si rendeva conto che una immediata integrazione della popolazione bianca con quella nera era irrealizzabile ed era perciò necessario procedere per gradi.

 Il segretario del National Party, Daniel Francois Malan, anch'egli nativo della colonia del Capo, aveva studiato in Olanda ed era stato ordinato Ministro della Chiesa Riformata Olandese. Dopo alcuni anni passati nel Congo Belga e in Rodesia aveva deciso di tornare in patria e di dedicarsi alla politica; predicava che il mantenimento delle leggi razziali esistenti era necessario per permettere la sopravvivenza della razza bianca minacciata dal "pericolo nero". A questo aggiungeva il "pericolo rosso", facendo leva sul fatto che il Primo Ministro Smuts aveva favorito la partecipazione dell'Unione alla seconda guerra mondiale, al fianco dell'Unione Sovietica.

In realtà, al di là di tutte le fantasie propagandistiche, i proprietari delle tenute agricole e delle miniere volevano avere a disposizione un'abbondante mano d'opera a basso costo, mentre i lavoratori bianchi delle città temevano la concorrenza dei nativi. Come spesso accade, gli interessi immediati ebbero più peso delle previsioni a lunga scadenza, per cui il National Party vinse le elezioni del 1948 e il Reverendo Daniel Francois Malan divenne Primo Ministro dell'Unione.

**Apartheid**

Con la vittoria del National Party iniziava ufficialmente il regime di "apartheid", un termine della lingua Afrikaans che, in questo contesto, significa "separazione delle razze". In realtà già dal 1913 la legge "Natives Land Act" negava ai nativi del Sud Africa gli stessi diritti concessi ai coloni di origine europea; le nuove leggi introdotte dal National Party non facevano che perfezionare l'apartheid rendendolo più ovviamente discriminatorio.

Una di queste leggi, la "Prohibition of Mixed Marriages Act" del 1949, vietava ai sudafricani bianchi di sposare persone di un'altra razza. Già prima di quella legge i matrimoni fra persone di razza diversa erano estremamente rari, ma tutt'altro che rare erano le nascite di bambini di padre bianco e madre nera.

Seguì perciò nel 1950 la legge "Immorality Amendment Act" che proibiva qualsiasi rapporto sessuale fra persone di razze diverse; questa legge, come la precedente, non ebbe come conseguenza la diminuzione di nascite illegali.

Più importante fu la legge "Population Registration Act" del 1950, per la quale tutti i residenti dell'Unione dovevano essere registrati con l'indicazione del gruppo razziale al quale appartenevano. Questa legge prevedeva tre categorie di persone: Bianchi, Coloured (razza mista), Bantu (neri). Il modo come le diverse categorie erano definite avrebbe potuto essere detto ridicolo, se non avesse avuto conseguenze talvolta tragiche. Per esempio la definizione di Bianco era: "Una persona è Bianca se di apparenza ovviamente bianca — e non generalmente conosciuta come Coloured — e generalmente conosciuta come Bianca — e non ovviamente Non-Bianca, a condizione che una persona non venga considerata Bianca se uno dei genitori è stato classificato Coloured o Bantu …" e così via con questo stile per le altre categorie. In un secondo tempo venne aggiunta una quarta categoria, Asiatici (indiani, pachistani, cinesi).

Con una classificazione così definita, affidata all'arbitrio di un funzionario statale, era possibile che nella stessa famiglia padre, madre e figlio venissero registrati in tre categorie diverse.

Parallelamente alla legge precedente, il "Group Areas Act" istituiva aree residenziali e commerciali separate per ciascuna delle categorie razziali definite. Secondo questa legge nessuna persona poteva essere presente in una zona destinata a una razza diversa dalla propria se non con uno speciale permesso.

Sempre nel 1950 il "Suppression of Communism Act" metteva fuori legge il Partito Comunista Sud Africano e l'ideologia comunista in generale; secondo questa legge doveva essere considerato comunista chiunque incoraggiasse sentimenti di ostilità fra persone di origine europea e non europea nell'Unione del Sud Africa.

Nelle nuove elezioni generali del 1953 il National Party rinnovò la propria vittoria. La maggioranza della popolazione con diritto di voto approvava il regime di apartheid, che era invece condannato dalle altre nazioni del Commonwelth britannico.

In un referendum il 5 ottobre del 1960 il 52.3% della popolazione bianca decise di uscire dal Commonwealth; l'Unione del Sud Africa divenne la Repubblica del Sud Africa, con una nuova costituzione.

## Repubblica del Sud Africa

La politica razziale della Repubblica del Sud Africa era disapprovata dalla grande maggioranza delle nazioni civili, ma vi era una notevole divergenza nel modo come i diversi governi si comportavano nei rapporti ufficiali col governo sudafricano.

Ad un estremo vi era la Repubblica Popolare Cinese, per la quale era come se la Repubblica del Sud Africa non esistesse; non era neppur possibile spedire una lettera da una all'altra delle due repubbliche.

All'estremo opposto vi era la Repubblica Nazionalista Cinese (Taiwan), che essendo riconosciuta ufficialmente da poche altre nazioni, era ben lieta di avere un alleato in più. Il favore era ricambiato. I cittadini cinesi che all'inizio del ventesimo secolo erano giunti in Sud Africa per lavorare nelle miniere d'oro, e che in un primo tempo erano stati classificati come coloured, poi come asiatici, divennero subitamente "bianchi onorari"; pur senza aver acquistato il diritto di voto, potevano vivere nelle località riservate ai bianchi.

Un secondo grado di disapprovazione era espresso da alcuni governi africani, i quali proibivano l'entrata nel proprio territorio ai cittadini sudafricani e a tutti coloro dal cui passaporto risultasse che fossero transitati nella Repubblica del Sud Africa. Era però possibile a questi ultimi procurarsi un passaporto "pulito", ossia un passaporto dal quale non risultasse la loro provenienza "sporca". Con un passaporto di questo tipo era possibile sbarcare in una di queste nazioni da un aereo proveniente dal Sud Africa, come se quel volo provenisse da una nazione extraterrestre. Ma la forma era salva.

Il terzo grado di disapprovazione, e a mio parere il più frequente, era di disapprovare a parole la politica interna della Repubblica del Sud Africa, ma di limitare al minimo ogni intervento attivo che avrebbe potuto turbare la normale evoluzione della situazione che stava rapidamente maturando.

La politica degli Stati Uniti scelta dal Presidente Jimmy Carter, che di lotta non violenta contro il razzismo se ne intendeva per averne fatto uno degli scopi della sua vita, era di esser presente al massimo nel Sud Africa ignorandone le restrizioni per renderne più evidenti le contraddizioni.

Un esempio di questa politica era di inviare nell'Ambasciata e nei Consolati funzionari neri, che naturalmente avendo un passaporto diplomatico non potevano essere assoggettati alle leggi locali.

Il Consolato Americano di Johannesburg aveva una biblioteca ricca di libri, giornali e riviste a disposizione del pubblico, ed era molto frequentata da giovani studenti neri. Secondo le leggi locali quella biblioteca avrebbe dovuto essere riservata a individui bianchi, ma naturalmente la polizia non aveva l'autorità, o l'ardire, per intervenire. Quel che succedeva a Johannesburg naturalmente succedeva in altre città dove esistevano rappresentanze diplomatiche americane.

## University of the Witwatersrand

La prima cosa che mi era stata detta durante la mia visita all'Università del Witwatersrand era che quella fosse l'unica in Sud Africa ad ammettere studenti e professori senza distinzioni di nazionalità e di colore. Questo fatto era ben visibile osservando che nelle aule, nel refettorio, nella biblioteca, erano presenti studenti di colori diversi in perfetta armonia. Ahimè, questa armonia era limitata dal perimetro dell'università; ogni sera gli studenti neri dovevano prendere il treno e tornarsene a Soweto, il sobborgo di Johannesburg riservato alle persone classificate come bantu.

Io sono arrivato in questa università sapendo che qui avrò un carico di insegnamento maggiore di quello a cui ero abituato, ma in compenso avrò la soddisfazione, se sarò all'altezza del compito prefissomi, di aver contribuito alla formazione della futura classe dirigente sudafricana.

## Esperimenti didattici

Fino ad ora avevo sempre avuto degli studenti con dei problemi di ricerca particolari; da me si aspettavano di imparare tecniche utili alle loro ricerche e non potevo permettermi di divagare su questioni di carattere generale.

All'Università del Witwatersrand invece avrò studenti africani appena usciti dalle scuole medie, con basi matematiche e fisiche minime, mente aperta e desiderio di imparare cose nuove. In particolare gli studenti che vivono a Soweto e che devono studiare a lume di candela, penso siano altamente motivati perché selezionati fra un grande numero di candidati; dovrebbero perciò essere la materia ideale per il mio esperimento.

Finalmente posso sperimentare un'idea che mi era nata quando ascoltavo a Friburgo le lezioni di Fisica del professor Dessauer. Il mio programma è molto ambizioso. Vorrei mostrare agli studenti che le diverse leggi che studiamo nei vari rami della Fisica e della Biologia si possono ridurre a poche leggi fondamentali di carattere generale, e che ciascuna di queste può essere rappresentata da una semplice equazione.

In verità non è un'idea del tutto nuova. L'importanza delle dimensioni fisiche era stata mostrata con chiarezza da Galileo Galilei nel 1638 in "Discorsi e Dimostrazioni Matematiche intorno à due nuove scienze", poi elaborata da Giovanni Borelli nel "De Motu Animalium" pubblicato postumo nel 1680 e da molti altri autori fino a giungere nel 1917 all'opera magistrale "On Growth and Form" del biologo scozzese D'Arcy Thompson.

Il mio programma prevede un'introduzione all'Analisi Dimensionale per arrivare al Teorema di Buckingham, grazie al quale tutte le leggi fisiche possono essere ridotte a equazioni matematiche contenenti un minimo numero di variabili adimensionali. Il vantaggio di questo approccio è che molte leggi fisiche apparentemente diverse possono essere considerate semplicemente varietà della stessa legge generale, mentre altre espressioni non corrispondono a vere e proprie leggi, ma sono semplicemente definizioni di nuove grandezze.

Per esempio la legge di Lenz, che riguarda la corrente elettrica generata da un campo magnetico, e che un professore di chimica di Berkeley mi aveva citato a proposito della conservazione del potere politico, non è altro che una variazione della Terza Legge di Newton: "Ad ogni azione corrisponde una reazione eguale e contraria, ovvero le forze reciproche agenti su due corpi sono sempre eguali e in direzione opposta.

D'altro canto la cosiddetta Legge di Ohm, che ha molte eccezioni, non dovrebbe essere chiamata "legge", ma "definizione"; l'espressione corretta dovrebbe essere: "La Resistenza è definita come il rapporto fra differenza di potenziale e intensità della corrente".

## Braamfontein

Nel febbraio del 1980 arrivo a Johannesburg con mia moglie. Nostro figlio, che nel frattempo ha finito i suoi studi e si è sposato, è partito per la Repubblica Popolare Cinese dove insegnerà inglese all'Università di Xi'an.

L'università ci offre un appartamento ammobiliato dove potremo vivere in attesa di trovare un alloggio di nostra scelta. Qui la stragrande maggioranza dei professori vive in ville con giardino, spesso con piscina, con uno o più servitori che fanno da camerieri, cuochi, giardinieri, bambinaie. Questi servitori, naturalmente bantu, hanno il permesso di vivere nella stessa città dei loro padroni, ma non possono dormire sotto lo stesso tetto.

Ci sono leggi precise che stabiliscono la distanza minima che deve intercorrere fra la residenza padronale e l'alloggio dei servitori. È pertanto possibile che una bambinaia nera curi un bambino bianco per tutto il giorno, e spesso anche fino a tarda sera se i genitori sono andati a teatro o a giocare a bridge con gli amici; al loro ritorno la legge prescrive che la bambinaia vada a dormire ad almeno trenta metri di distanza.

Noi, a differenza di molti colleghi, preferiamo non avere nessuno alle nostre immediate dipendenze; decidiamo pertanto di affittare un appartamento in un quartiere di Johannesburg chiamato Braamfontein dal quale posso andare a piedi all'Università e posso essere vicino a tutte le cose più interessanti che la città offre.

L'unico inconveniente di quell'appartamento è che tutte le finestre sono esposte a sud, ossia dal lato dove, in questo emisfero, non batte mai il sole. La cosa è tanto più grave in quanto, essendo in Africa, la casa non è provvista di riscaldamento centrale. Siamo a 1750 metri di altitudine e anche se il giorno il sole è alto sull'orizzonte, le notti sono fredde, e qualche volta è possibile che la temperatura scenda fino a 0 gradi.

Ne sanno qualcosa gli africani che vengono da Soweto e che vedo arrivare ogni mattina alla stazione ferroviaria vicino a casa nostra; anziché cappotti spesso hanno coperte di lana che usano in fogge diverse; quasi sempre hanno in testa un berretto di lana che usano anche quando la temperatura, a me, sembra non richiederlo.

La prima cosa che facciamo appena entrati nel nostro appartamento è di farci costruire un letto da un falegname nero che ha una bottega vicino alla stazione ferroviaria. È un lavoro che richiede poche ore ed è completato in giornata; un materasso di gommapiuma acquistato in un negozio di generi vari ne completa l'opera. Come comodini usiamo due delle molte scatole che erano servite a spedire i nostri libri dall'America al Sud Africa. Le altre scatole, debitamente ripiegate, sono sotto al letto in attesa del prossimo trasloco.

**Francesca**

Il nostro appartamento è al diciassettesimo piano di una casa di venti piani. Dalle nostre finestre vediamo gran parte di Johannesburg. Al margine sud-ovest della città è riconoscibile Soweto per via di una larga nuvola di fumo grigio; a quell'epoca non avevano né elettricità né gas, per cui usavano legna o carbone per cucinare e per scaldarsi.

In cima alla nostra casa c'è un'ampia terrazza dove si può stendere la biancheria ad asciugare. La prima volta che mia moglie vi si reca, incontra alcune donne africane che lavorano per gli inquilini che abitano in questo edificio. Una di loro offre a mia moglie di lavare, asciugare e stirare la nostra biancheria una volta alla settimana. Noi veramente avevamo progettato di comprare una macchina lavatrice, ma ci sembra una scortesia rifiutare questa offerta fatta con tanta insistenza.

D'ora in poi Francesca Motha verrà ogni mercoledì nel nostro appartamento dove laverà tutta la biancheria, poi la porterà sulla terrazza ad asciugare, cosa che a questa latitudine avviene molto in fretta, infine la stirerà con gran cura.

È un'occasione preziosa per conoscere una persona di cultura diversa dalla nostra, che vive in un ambiente che non conosciamo, e che difficilmente avremmo incontrato in circostanze normali.

Scopriamo che è cristiana e cattolica, perché ha due figlie che sono state in una scuola di suore e l'hanno convinta che quella è una delle religioni più belle. Ammira molto la figura di Gesù, tuttavia preferisce rivolgere le sue preghiere allo spirito di suo nonno che la conosce, le vuol bene e la protegge; non può certo aspettare una simile protezione da Gesù che non l'ha mai conosciuta e che certamente ha già un grandissimo numero di persone da proteggere.

Parla bene l'inglese, che per lei è una seconda lingua; conosce un poco anche l'afrikaans, che però non parla volentieri perché è considerato la lingua degli oppressori. La sua lingua materna è chiamata Xhosa, parlata da alcuni milioni di africani in varie regioni dell'Africa del sud, e caratterizzata da alcuni suoni che si emettono schioccando la lingua contro il palato; io ero in grado di ripetere quei suoni isolati, ma non ero mai riuscito a emetterli entro una parola completa.

Dagli inglesi, che ammira molto, ha imparato l'usanza del tè pomeridiano. È convinta che tutti i mali presenti che affliggono il Sud Africa siano dovuti al governo dei coloni boeri che parlano la lingua afrikaans. Non voglio interferire con le sue convinzioni ricordandole che Gandhi iniziò nel 1893 la sua lunga lotta contro le discriminazioni razziali proprio nella provincia del Natal durante la dominazione inglese.

Sulla terrazza vi è anche un gabinetto a disposizione delle persone di colore. Mia moglie ha detto a Francesca che può benissimo usare il nostro bagno, ma le leggi e le usanze dell'apartheid sono più forti delle nostre parole.

Francesca è molto miope; per stirare deve piegarsi in avanti e stare con la testa vicino al ferro da stiro, una posizione scomoda, stancante e malsana. Mia moglie la conduce da un ottico che le misura la vista e il giorno dopo le consegna un paio di occhiali. Sul momento non dice nulla, ma il giorno seguente bussa alla nostra porta e ci porta i ringraziamenti di sua madre, la capofamiglia.

## Studenti ospiti dell'Ambasciata americana

Un centinaio di studenti e studentesse africani di età fra i diciotto e i trent'anni sono stati invitati dal governo degli Stati Uniti a passare un anno di studio in varie università americane. Prima della loro partenza si recheranno a Pretoria dove saranno ospiti dell'Ambasciata Americana per una giornata di orientamento; mia moglie ed io, che diciotto anni fa passammo attraverso un'esperienza simile alla loro, abbiamo avuto l'incarico di fare gli onori di casa.

È difficile descrivere l'eccitazione degli ospiti; se per noi la visita agli Stati Uniti era stato un avvenimento importante, per loro è un passo gigantesco. Lasciano un paese dove non possono viaggiare nello stesso vagone o nello stesso autobus dove viaggia un bianco, non possono dormire nei quartieri dove dormono i bianchi o mangiare nei ristoranti dove mangiano i bianchi. Hanno già sperimentato che entro i muri dell'Ambasciata Americana non vi sono differenze di colore; sanno che negli Stati Uniti saranno trattati alla pari con altri studenti provenienti da varie parti del mondo.

Quel che possiamo fare mia moglie ed io, ma mia moglie in particolare perché più sensibile di me al mondo esterno, è di prepararli ad adattarsi alle diverse condizioni di vita che incontreranno. Ma più importante ancora sarà per loro essere preparati al ritorno in patria, dove dovranno aiutare i loro connazionali a trasformare le strutture politiche della loro nazione.

**Soweto**

A Braamfontein, in un edificio vicino a quello dove abitiamo noi, vivono due americani, Jack Schneider con la moglie Betty. Lui insegna Statistica e lei sta scrivendo una tesi per un Ph. D. sull'arte Ndebele, un gruppo etnico che vive nel Transvaal. Credo siano gli unici universitari, oltre a noi due, che vivono in questo quartiere.

Una domenica ci telefonano per farci sapere che a Soweto è in programma un concerto di "township rock". "Township" è il nome generico che viene dato a tutte le città o sobborghi riservati a gente di colore, come ad esempio Soweto. "Township rock" pertanto è un tipo di musica derivato dal jazz che aveva avuto la sua prima origine fra i neri dell'America, poi si era trasformato dando origine a molti stili diversi.

Jack e Betty ci chiedono se vogliamo assistere a quel concerto. Tutti e quattro sappiamo benissimo che per andare a Soweto dovremmo avere un permesso speciale della polizia, ma sappiamo anche che non abbiamo nessuna ragione valida per ottenerlo. Il problema perciò è se siamo disposti a rischiare l'arresto per violazione delle leggi dell'apartheid, oppure se preferiamo perdere questa occasione che probabilmente non si ripeterà un'altra volta.

La decisione è facile. Partiamo immediatamente in automobile. Jack è al volante; ha la barba sale e pepe che confonde il colore della pelle; i tre passeggeri sono poco visibili perchè hanno tutti un ampio copricapo e sono sprofondati nei loro sedili.

La prima parte del viaggio scorre senza incidenti. Una volta entro il perimetro di Soweto ci sentiamo sicuri; difficilmente possiamo essere riconosciuti fra un milione di abitanti, forse anche due milioni; nessuno sa con precisione quanti clandestini vivano qui.

La nostra prima sorpresa è che alcune case sono, se non di lusso, certo signorili. Evidentemente alcuni dei residenti si sono arricchiti vivendo qui, forse sfruttando il lavoro di altri neri che vivevano senza permesso di soggiorno. La grande maggioranza delle abitazioni, però, è estremamente modesta; si tratta di case rudimentali, molte non hanno neppure un pavimento e mi fanno pensare al film "Miracolo a Milano" di Vittorio De Sica.

Finalmente raggiungiamo lo stadio situato nel centro di Soweto. È una costruzione ellittica con impalcature di tubi di ferro e tavole di legno. L'ingresso è libero. Lo spettacolo non è ancora cominciato, ma la banda è già al suo posto ad una estremità dell'ellisse.

Lo stadio sembra al completo, ma c'è sempre posto per quattro persone in più. Non dobbiamo aspettare che pochi minuti ed ecco che arriva la seconda sorpresa. La banda, composta da pifferi di metallo, ottoni vari e molti strumenti a percussione, inizia con un motivo di poche battute; immediatamente l'udienza risponde con altrettante battute. Ma la risposta è doppia: vocale e danzante. Tutto il pubblico, e sono migliaia di persone, canta (ma forse sarebbe più giusto dire che urla) e balla; ma è un ballo integrale, dalla testa alla punta dei piedi tutti si muovono al ritmo del motivo introdotto dalla banda.

Avrei dovuto registrare tutto lo spettacolo per poterne poi descrivere le varie fasi, che si susseguivano l'una all'altra senza intervalli e che ora mi è impossibile ricordare in dettaglio.

La terza sorpresa è che fra il pubblico circolano molte bottiglie di gin. Non so da dove vengano; non so se siano state portate qui dagli spettatori o se vi sia qualche venditore clandestino. So che in tutto il Sud Africa la vendita di alcolici è proibita dal mezzogiorno di sabato fino alla mattina di lunedì.

Io un bicchierino di gin lo berrei volentieri, ma qui mi sembra che il gin lo si misuri a bottiglie, non a bicchieri. La musica continua senza interruzioni e il pubblico anzichè stancarsi sembra aver sempre più energia. A un certo punto tutti e quattro pensiamo che la temperatura psicologica del pubblico sia giunta a un punto difficile da controllare. L'esperienza è stata interessante, ma la prudenza ci consiglia di ritirarci in tempo.

**Un'altra esperienza musicale**

Ricordo un'altra esperienza di carattere musicale che però per me resterà sempre avvolta da un velo di mistero. Ero a Durban nella provincia del Natal per una riunione della South African Mathematical Society dove avevo presentato una breve relazione sui modelli ecologici. Davanti alla porta dell'albergo nel quale ero alloggiato vi era un portiere scalzo e in divisa da guerriero zulu, con tanto di lancia ben appuntita nella mano destra. Al polso sinistro portava un orologio digitale che ne svelava la funzione turistica.

Mentre passeggio nel viale alberato di fronte all'albergo per godermi il fresco della sera, arriva un gruppo di una ventina di bambine africane, tutte vestite di bianco, un colore insolito in questa regione. L'età media poteva essere di otto o dieci anni, ma almeno un paio potevano aver passato i quindici anni. Sono longilinee e portano tutte un bastone lungo quasi due metri che le fa sembrare ancora più snelle.

Si dispongono in fila due per due e iniziano, battendo il suolo con i piedi e col bastone, un ritmo che mi sembra di aver già sentito; ma la cosa più interessante è che non battono il tempo tutte insieme. Le prime bambine della fila iniziano con un paio di battute, altre seguono ripetendo le stesse battute, e così via fino ad arrivare alle ultime della fila, per poi ricominciare dall'inizio. È come se un'onda sonora si propagasse lungo quella fila.

Continuano così per molti minuti, poi si fermano e le due più alte vanno in giro per una questua.

Ci metto un po' di tempo, ma finalmente riesco a ricordarmi dove avevo sentito quel ritmo. Non c'è dubbio, è il tema dell'Allegretto del Primo Quartetto Rasoumovsky di Beethoven. Hanno studiato musica o sono giunte a quel tema per caso? E non potrebbe essere possibile che quello stesso tema esistesse in qualche cultura anteriore a Beethoven?

## Sterkfontein

Il Professor Phillip Tobias è un famoso antropologo che lavora all'Università del Witwatersrand ed ha contribuito a molte scoperte sui precursori dell'uomo moderno. Abbiamo la fortuna di conoscerlo e ci invita a visitare Sterkfontein, una località non lontana da Johannesburg ricca di reperti archeologici.

Possiamo entrare in alcune caverne di roccia calcarea nelle quali viveva, da due a tre milioni di anni fa, l'*Australopithecus africanus*, uno dei precursori dell'*Homo sapiens*. In queste caverne sono stati trovati diversi crani completi di denti ed anche alcuni scheletri quasi interi, dai quali si può dedurre che questo precursore dell'uomo fosse bipede e vegetariano.

Quel che più ci colpisce è il lavoro sistematico degli archeologi che con grossi setacci fanno passare tutta la terra raccolta per separarne i possibili frammenti di ossa o di manufatti, per poi con pazienza da certosini ricostruirne la forma originale.

## Swaziland

Lo Swaziland è una nazione con circa un milione di abitanti, confinante a nord, ovest e sud con il Sud Africa e a est con il Mozambico; ha ottenuto l'indipendenza dall'Impero Britannico nel 1968 ed è ora una monarchia costituzionale. La lingua ufficiale è chiamata Swate, simile alla lingua Xhosa, ma l'Inglese è parlato, o almeno compreso, dalla grande maggioranza della popolazione. La moneta ufficiale è chiamata Lilangeni, ma è legata al Rand sudafricano, che circola liberamente in tutto lo Swaziland.

All'epoca del mio soggiorno in Sud Africa il re dello Swaziland era Ngwenyama Sobhuza; correva voce che avesse cento mogli e centinaia di figli. Forse era imparentato con quasi tutti gli abitanti del regno, e questa doveva essere la ragione principale del successo di quella monarchia.

Ho visitato più di una volta lo Swaziland; quelle visite avevano una doppia funzione, ricreativa e istruttiva.

La gente che si incontra per strada è cortese e parla volentieri con gli stranieri; naturalmente non vi era nessun dubbio che io fossi straniero. Una delle domande più frequenti era: "Da che paese vieni?" "Dall'Italia." "Dov'è l'Italia?" "In Europa." La risposta era evasiva, ma non potevo certo dare una lezione di geografia in strada senza l'ausilio di una carta geografica.

Spesso mi chiedevano: "È possibile trovare lavoro in Italia?" Qui veramente ero in grande difficoltà a rispondere. Ero assente dall'Italia da diversi anni e non avrei potuto dare una risposta valida e ben informata, ma il problema reale era un altro. Il problema era se la vita in una città come, per esempio, Milano, potesse essere comparabile, in meglio o in peggio, con la vita nello Swaziland.

Vagando per il paese si possono vedere molte cose che fanno riflettere. Un giorno mi fermai in un kraal; kraal è una parola della lingua afrikaans che è ormai entrata nell'uso della maggior parte delle lingue parlate nell'Africa del Sud, e che indica un villaggio di capanne circondato da un muro circolare di stecchi o di terra. Gli uomini e le donne adulti erano al lavoro nei campi; nel centro del kraal vi erano una decina di bambini che giocavano e un vecchietto seduto su uno sgabello che abbadava a un pentolone di ferro nel quale stava bollendo una minestra sufficiente forse per trenta o più persone.

Non potei non pensare che se fosse stato a Milano quel vecchietto sarebbe stato relegato in un ricovero di anziani, mentre i bambini sarebbero cresciuti in mezzo ai rumori e ai fumi delle automobili che caratterizzano le città moderne.

La gente che non vive nei kraal per lo più lavora in aziende agricole; da qualche decennio è stata iniziata la coltivazione industriale dell'ananas (*Ananas comosus*), che è nativo del Sud America ma che qui ha trovato il clima ideale e cresce benissimo. È possibile vedere molti campi dove gli ananas crescono in lunghissime file perfettamente allineate. Il problema è che la raccolta è fatta con macchine molto efficienti le quali riducono la fatica del lavoro umano, ma allo stesso tempo riducono il numero di lavoratori pagati. Non posso fare a meno di pensare al capitolo ottanta del Tao Te Ching che inizia con la frase: "In un paesino di pochi abitanti anche se vi fossero strumenti atti a eseguire il lavoro di dieci o cento persone, il popolo non dovrebbe mai servirsene". Forse quando scriveva quel capitolo Lao Tzu pensava alla rivoluzione industriale?

Molto ambito deve essere il lavoro nelle miniere, anche se pesante e pericoloso, perché relativamente ben pagato. Alla frontiera vedevo spesso lunghe file di uomini che chiedevano di essere ammessi nel Sud Africa, ma una sola volta una famiglia, marito e moglie, che chiedeva la residenza in Swaziland.

Gli ispettori doganali sono molto attenti a chi entra in Sud Africa; osservano attentamente tutti i passeggeri nelle automobili, guardano nel baule, hanno anche degli specchi per vedere se ci sono clandestini nascosti sotto le vetture.

La dogana dello Swaziland, al contrario, è molto meno rigida. Non occorre un visto d'ingresso; lasciano entrare chiunque dimostri di avere sufficienti mezzi di sussistenza. Ricordo che in una delle visite allo Swaziland mia moglie ed io incontrammo un ostacolo imprevisto. Pochi giorni prima era stato deciso che tutti i visitatori per entrare dovessero avere un certificato di immunizzazione dalla febbre gialla da almeno quindici giorni. Non ne sapevamo nulla e restammo bloccati alla dogana.

Il capo dei doganieri era inflessibile: senza certificato non si entra. Alle nostre preghiere, per consolarci disse che lo stesso inconveniente era capitato al console americano di Mbabane; ci consigliò di parlargli e ci prestò il suo telefono da campo (a quel tempo non esistevano ancora i telefonini).

Parlammo col console che ci confessò di essersi trovato nella nostra identica situazione il giorno precedente; aveva però trovato un medico sudafricano che gli aveva fatto avere il certificato richiesto, debitamente predatato, e ce ne diede l'indirizzo.

Corremmo a quell'indirizzo, in un villaggio remoto del Transvaal; il dottore era andato in un altro villaggio per un'emergenza; la moglie del dottore ce ne diede l'indirizzo.

Al nuovo indirizzo arrivammo troppo tardi, ma ce ne diedero uno nuovo, e questa volta arrivammo in tempo.

Col certificato, nuovo di zecca ma debitamente predatato, tornammo alla frontiera dove era ancora di guardia il doganiere di nostra conoscenza, il quale finalmente ci diede il benvenuto in Swaziland.

Una delle maggiori attrazioni che non mancavamo mai di visitare era una piscina all'aperto; più che piscina avrei dovuto chiamarla laghetto, con una sorgente di acqua calda nel bel mezzo e completamente circondato da cespugli di ibischi in fiore, il tutto completato da una capanna nella quale era possibile cambiarsi d'abito.

È lontano da Mbabane e da tutte le altre città; lo frequentano soltanto quei pochi turisti che passano di qui per caso e qualche nativo. Quel che ce lo rendeva particolarmente gradito era il fatto che fosse aperto a tutti, bianchi e neri, giovani e vecchi, e che, pur non avendo un custode fisso che ne controllasse il buon andamento, fosse un'oasi di pace dove potevamo dimenticare che a soli cento chilometri di distanza c'era ancora l'apartheid.

**Kruger National Park**

Il Kruger National Park è probabilmente la più grande riserva dove la fauna africana è protetta e può essere osservata al suo stato naturale. Comprende circa ventimila chilometri quadrati nel nord-est della provincia del Transvaal e confina con lo Zimbabwe (ex Rhodesia del Sud) e il Mozambico dai quali è separato dal fiume Limpopo.

Fra tutte le attrazioni turistiche offerte dal Sud Africa questa è la più attraente. Alla prima occasione che si presenta ci affrettiamo, mia moglie ed io, a recarci a quel parco. Sono molte ore di viaggio in automobile su una strada con solo due corsie, ma non è molto frequentata perché i turisti, che sono numerosi, vengono per la maggior parte da oltremare e viaggiano in aeroplano.

Entro il parco i visitatori possono circolare soltanto in automobile dalle sei di mattina alle sei di sera; è permesso uscire dall'automobile soltanto in alcune zone particolarmente attrezzate. Alle sei di sera tutti devono essere nelle zone dove sono gli alloggiamenti, e da lì non si può uscire fino alla mattina seguente.

Ma noi abbiamo un vantaggio sui turisti. Io non ho né i mezzi né l'esperienza per eseguire ricerche dirette sulla distribuzione delle varie specie, ma con i dati raccolti dai "rangers" posso costruire dei modelli che servono a prevedere le necessità future del parco. Gli articoli che alcuni anni prima avevo pubblicato sul Bulletin of Mathematical Biology mi servono da introduzione; siamo perciò promossi "ecologi onorari" e possiamo alloggiare nella zona dove vi è la direzione del parco e dove vivono rangers e ricercatori.

La gestione del parco è un lavoro estremamente delicato e credo non abbastanza apprezzato dal pubblico. I visitatori devono avere l'impressione di osservare la vita animale e vegetale nel suo stato naturale come se non fosse presente l'intervento dell'uomo; in realtà la presenza dell'uomo non solo esiste, ma è fortemente determinante.

La prima restrizione imposta dalla presenza umana è nei confini del parco. Entro quei confini vive il più grande degli animali terrestri, l'elefante africano (*Loxodonta africana*); se lasciato a se stesso si riproduce rapidamente e tende a occupare uno spazio sempre maggiore; se lo spazio che trova a disposizione non è sufficiente, le risorse naturali vengono consumate rapidamente. La riduzione delle risorse provoca una riduzione delle nascite con conseguente diminuzione della popolazione.

È un classico fenomeno di oscillazione: la popolazione di una specie aumenta e diminuisce alternativamente, come era stato osservato e studiato all'inizio del ventesimo secolo dal matematico Vito Volterra in un altro contesto, ma valido per molte specie.

Il problema da considerare ha due aspetti. Il primo è che le oscillazioni presenti in una specie provocano oscillazioni in altre specie collegate alla prima perché competono per lo stesso cibo o per un rapporto di tipo predatore/preda. Il secondo aspetto del problema è che se le oscillazioni sono troppo ampie, una o più specie possono raggiungere il numero minimo di individui viventi oltre al quale vi è l'estinzione.

Ovviamente è impossibile evitare le oscillazioni della popolazione di tutte le specie presenti nel parco, ma occorre mantenerle entro limiti che non provochino squilibri difficili da controllare. Il compito dell'ecologo è di costruire modelli appropriati che prevedano con sufficiente anticipo le conseguenze dovute a vari fenomeni e correggerle con interventi artificiali. Uno degli interventi più visibili è la costruzione di pozzi con pompe a vento per supplire alla scarsità d'acqua; meno visibile ma non infrequente è l'uccisione degli elefanti in soprannumero.

Durante il giorno possiamo girare liberamente e osservare dall'automobile tutto quello che avviene attorno a noi. In realtà occorre molta pazienza perché la vita diurna è limitata. Gli animali più attivi sono gli ippopotami che prendono il fresco nel Limpopo e sono molto rumorosi; i rangers ci hanno consigliato di starne lontano perché quando escono dall'acqua per andare a mangiare se trovano un ostacolo lo possono travolgere come se fossero dei carri armati; ma finché sono nell'acqua non danno fastidio a nessuno.

Nelle ore più calde la maggior parte della fauna riposa, ma con un po' di fortuna e molta pazienza si possono osservare delle catture da parte di leoni o altri felini. Per i turisti più facoltosi ci sono giri turistici in cui la cattura di una capra o una pecora usata come esca è organizzata in anticipo.

La natura prende maggior vita la sera; non siamo chiusi nel recinto dei turisti e possiamo sistemarci in un luogo dove il bosco è più rado e si può osservare quello che succede a distanza. Continuiamo a sentire il verso degli ippopotami che sembra un soffio, al quale si aggiunge la risata delle iene. Vediamo gli occhi luminosi di queste, che ci guardano con insistenza.

Accendiamo un piccolo falò che ci fa sentire più sicuri. Un collega ecologo si offre di preparare dell'Irish coffee; non sappiamo di che cosa si tratti, ma il caffè in generale lo beviamo volontieri, per cui accettiamo senza esitazione. A posteriori scopriamo che l'Irish coffee contiene whiskey, panna, ed anche un poco di caffè, ma è troppo tardi per fare marcia indietro.

In realtà questa bevanda è molto adatta alle circostanze in cui ci troviamo. Col tramonto del sole la temperatura a questa latitudine scende molto rapidamente e conviene bere qualcosa di caldo. E poi non so se è la panna o il caffè, ma più ne prendiamo più insistente è il soffio degli ippopotami, più canzonatoria è la risata delle iene, e soprattutto più numerosi e luminosi sono gli occhi che ci guardano. Ecco, ho proprio l'impressione che tutte quelle iene delle quali vediamo soltanto gli occhi siano state ipnotizzate dai nostri sguardi.

# CAPITOLO 14: NEW HAVEN

## Circolazione cerebrale

La Sezione di Neurochirurgia della Yale University ha in programma lo studio della circolazione cerebrale mediante isotopi a emissione di positroni. Lo scopo finale di questa ricerca è la determinazione del coefficiente di ripartizione del flusso sanguigno fra materia grigia e materia bianca in neonati prematuri, ma naturalmente è necessario un lungo lavoro di preparazione prima di eseguire misure su esseri umani.

Gli iniziatori di questo programma sono il dottor Charles Duncan, neurochirurgo pediatra di Yale, e il dottor Richard Lambrecht, chimico del Brookhaven National Laboratory. Hanno bisogno di un isotopista e mi propongono di unirmi a loro in questa ricerca. Verrò assunto dalla Yale University ma lavorerò parte del tempo presso il ciclotrone di Brookhaven dove vengono preparati gli isotopi a emissione di positroni.

## Brookhaven National Laboratory

Quando arrivo all'aeroporto di New York con mia moglie è notte inoltrata; facciamo fatica a trovare un mezzo di trasporto che ci conduca a Brookhaven. Finalmente troviamo un *limousine* che ci lascia di fronte all'ingresso del Laboratorio.

È l'alba di Capodanno. Il cancello è chiuso, ma vi è una guardia in una garitta. Parliamo con la guardia e dopo pochi minuti arriva una camionetta militare che ci conduce alla foresteria dove possiamo alloggiare provvisoriamente.

Scopriamo allora che durante la prima guerra mondiale il sito dove ore sorge il Laboratorio era una caserma chiamata Camp Upton dove venivano addestrate le reclute prima di essere spedite oltremare. Dopo la guerra la caserma venne chiusa, per poi essere riaperta nel 1940 durante la seconda guerra mondiale, nella quale però gli Stati Uniti intervennero soltanto nel dicembre del 1941. Ora questo sito è amministrato dal Ministero dell'Energia e del suo passato militare non rimangono che la foresteria e il corpo di guardia.

## Yale University

L'Università è a New Haven in Connecticut mentre il laboratorio di Brookhaven è a Long Island nello stato di New York. I due siti sono molto vicini in linea d'aria, ma separati da una striscia di mare chiamata Long Island Sound. Per andare dall'uno all'altro occorre prendere un traghetto oppure raggiungere il Throgs Neck Bridge che è a circa cento chilometri da entrambi. Una terza possibilità è usare un aeroplano che si paga ad ore e che può essere necessario quando il ciclotrone, che è sempre impiegato in molti esperimenti diversi, è disponibile soltanto per un breve tempo e senza un preavviso sufficiente.

## Isotopi radioattivi

In studi precedenti del problema che ci interessa la sostanza tracciante era stata somministrata a bolo, ossia in una dose unica introdotta molto rapidamente, oppure a flusso continuo costante. Ciascuno dei due metodi aveva i propri vantaggi e svantaggi. Noi decidiamo di usare un terzo metodo, ossia di somministrare il tracciante in modo che la sua concentrazione arteriosa aumenti a velocità costante.

Il vantaggio di questo terzo metodo è che non occorre un esperimento separato per determinare la funzione di trasferimento del sistema; è vero che occorre una maggior dose di tracciante, ma questo svantaggio è minimo perché useremo isotopi radioattivi a vita brevissima.

La prima fase del nostro lavoro consiste nella costruzione di una pompa per l'infusione della sostanza tracciante; il flusso è controllato mediante uno shunt arterioso e un servoamplificatore.

Eseguiamo i primi esperimenti su gatti anestetizzati. La sostanza iniettata è fluoroantipirina marcata con l'isotopo $^{18}F$; questo isotopo, che ha una vita media di 110 minuti ed emette positroni, è prodotto dal ciclotrone di Brookhaven; le misure vengono eseguite mediante il tomografo PETT (Positron Emission Transaxial Tomograph).

Quando siamo sicuri del funzionamento della pompa automatica possiamo iniziare la seconda serie degli esperimenti con acqua marcata con l'isotopo $^{15}O$ che ha una vita media di 122 secondi. Con un isotopo a emivita così breve bisogna operare con grande rapidità e tutti i minimi dettagli devono essere preparati in anticipo.

**Babbuini**

Come soggetti abbiamo a disposizione alcuni babbuini che sono stati acquistati dalla Yale University. Purtroppo non è disponibile nemmeno un *Papio ursinus*, la specie con la quale mi ero familiarizzato in Sud Africa per averne visti molti esemplari sia nello stabulario che liberi nel Kruger Park. Questa specie è socievole ed è facile da maneggiare.

Qui invece l'Università dispone di esemplari di *Papio cynocephalus* e di *Papio papio* che non conoscevo, ma che a prima vista mi sembrarono animali di pessimo carattere.

Un grosso inconveniente che non avevo previsto era che questi animali si ammalano facilmente di tubercolosi che possono contrarre dall'uomo; siccome sono molto costosi, l'università era preoccupata da questa possibilità, per cui dovetti sottopormi a più di una visita medica dettagliata per garantire a questi ospiti che le persone in loro presenza fossero in ottima salute.

Quel che ricordo in particolare del *Papio cynocephalus* è che aveva il fiato cattivo e lavorare nelle sue vicinanze era piuttosto spiacevole, ma non potei mai stabilire se la causa fosse l'alimentazione che riceveva o la vita in cattività.

**Comitato etico**

Dopo aver condotto un gran numero di esperimenti sui babbuini, finalmente ci sentimmo in grado di iniziare le misure sui bambini prematuri. Con la tecnica elaborata, le immagini prodotte dal PETT avrebbero dovuto permettere al neurochirurgo di operare con gran precisione, mentre la quantità di tracciante radioattivo da usare sarebbe stata minima, e in ogni caso ridotta al 10 % della dose iniziale dopo solo otto minuti.

A questo punto intervenne il Comitato Etico che, quando sentì parlare di radioattività, pensò alla bomba atomica e mise un veto ad ogni esperimento su esseri umani. Il nostro lavoro tuttavia non era stato del tutto inutile; pubblicammo tutti i risultati dei nostri esperimenti su diverse riviste scientifiche, nella speranza che un giorno vengano usati dove non sono possibili altri mezzi di indagine. In un volume a parte, finanziato dal Comitato Scientifico della NATO, ho raccolto la descrizione delle principali tecniche che si possono usare per la determinazione della circolazione cerebrale.

Qui però vorrei concludere con alcune considerazioni di carattere generale. Non so chi per primo ebbe l'idea di istituire i Comitati Etici, ma questa istituzione mi sembra che possa essere giustificata soltanto dall'ipotesi che lo sperimentatore non sia in grado, da solo, di giudicare se un certo comportamento sia etico o no. Dato ma non concesso che questo sia il caso, perché non istituire Comitati Etici in altre professioni, oltre a quella medica, che coinvolgono vite umane?

In ogni guerra vi sono morti e feriti, oltre a vittime di altro genere. Alcune uccisioni sono volontarie, altre involontarie e chiamate "incidenti collaterali". Perché non viene mai interpellato un apposito comitato etico che giudichi quali rischi siano accettabili e quali no?

# CAPITOLO 15: LA PROLUSIONE

**Studioso straniero**

L'11 luglio del 1980 il Presidente della Repubblica Italiana promulga il Decreto numero 382 sul "Riordinamento della docenza universitaria"; l'articolo 4 di questo decreto prevede la creazione di un certo numero di posti di professore ordinario da assegnare a "studiosi eminenti di nazionalità non italiana che occupino analoga posizione in Università straniere".

Io posso essere considerato uno studioso straniero in quanto sono in possesso di un passaporto americano, anche se in realtà non ho mai imparato bene la lingua inglese, e ogni volta che in America apro bocca mi chiedono: "Where are you from?"

Posso perciò diventare Professore Ordinario di Farmacocinetica in una Università Italiana e leggere la mia prolusione, come avveniva una volta per tutti i nuovi corsi universitari, anche se è oggi un'usanza in via d'abbandono.

Al momento di mettere per scritto il programma di quello che dovrebbe essere un corso universitario, mi accorgo che la Farmacocinetica ha fatto progressi giganteschi da quando per la prima volta nel 1953 le fu dato questo nome da Friedrich Hartmut Dost. Ancor più progredite sono le materie che costituivano la base di quello che imparai nei miei studi universitari. Per esempio non so nulla della

Fisica delle particelle elementari, che son sempre più numerose e sempre meno elementari. Mi accorgo poi che i matematici parlano sempre più spesso nel linguaggio della Topologia combinatoria e della Topologia algebrica, mentre io di quei soggetti qualche anno fa non conoscevo neppure il nome.

Per sovramisura, un corso universitario rispettabile non può avere un programma esattamente prestabilito per almeno due ragioni. La prima è che la materia insegnata progredisce rapidamente e il docente deve tener informati gli allievi di quei progressi, ma non li può prevedere con un anno di anticipo; la seconda è che un corso d'insegnamento è veramente utile se procede in due direzioni, ossia se si svolge non come monologo, ma come dialogo fra docente e discenti, quindi in continua evoluzione, giorno per giorno.

Se nella prolusione non posso elencare quel che dirò nel mio corso, posso almeno dire quel che dissi nei miei corsi passati, ossia elencare i risultati, molti o pochi che siano, dei miei studi precedenti. Ma anche qui incontro un ostacolo del quale non mi ero reso ben conto in precedenza, ma che è importante e molto diffuso, anche se generalmente ignorato.

### L'inganno scientifico

Ha affermato una volta Sir Peter Medawar che tutte le pubblicazioni scientifiche sono ingannatrici; quel che intendeva dire non era che ogni scienziato nei suoi scritti cerchi volontariamente di ingannare il lettore sui risultati della sua ricerca, anche se in qualche raro caso questo possa avvenire, ma che i risultati di quella ricerca sono sempre esposti in un modo standardizzato secondo le convenzioni in uso per quel soggetto, e mai e poi mai mostrino come l'idea iniziale sia nata, dopo quali e quanti insuccessi sia stata modificata, e chissà quante volte sia stata abbandonata e poi ripresa.

Questo inganno, poi, non è specifico della ricerca scientifica. Ne parlava Edgar Allan Poe più di centocinquant'anni fa, quando si lamentava di come nessun autore a lui conosciuto avesse mai spiegato in che modo fosse arrivato a portare a compimento una particolare opera letteraria. Era come se ogni autore fosse arrivato al risultato finale della propria composizione non per successivi tentativi, non per tagli e interpolazioni, non per insuccessi e successi alternati, ma per improvvisa illuminazione.

Questo inganno, e non dubito che di inganno si tratti, è dovuto alle necessità di lavoro dello studioso che, per sopravvivere, deve ottenere uno stipendio, dei locali dove lavorare, degli strumenti di misura, dei libri e delle riviste da consultare, e per ottenerli dai possibili finanziatori deve mostrare dei risultati, non dei tentativi. Vi è poi anche una componente di vanità in tutti gli studiosi che, spesso senza rendersene conto, mostrano più volentieri i loro successi che i loro insuccessi.

## L'importanza degli insuccessi

Eppure anche gli insuccessi sono importanti e possono perfino essere trasformati in successi. Questa è una lezione che imparai dalla viva voce di Enrico Fermi, quando ero ancora studente. Fermi aveva lasciato l'Italia nel dicembre del 1938 per recarsi a Stoccolma a ricevere il premio Nobel per la Fisica; da Stoccolma poi si era trasferito in America e non aveva fatto ritorno in Italia fino al 1949. Fu in quell'anno che tenne alcune conferenze in Italia, a Roma in un'aula dell'Università La Sapienza e a Milano nella sede della Società Montecatini.

Una delle lezioni aveva il titolo "Teorie sull'origine degli elementi", ma in realtà una sola delle teorie era considerata in dettaglio, quella, nelle precise parole di Fermi "dovuta principalmente a Gamow il quale, essendo come tutti sanno un burlone, si è associato con altri due fisici, Alpher e Bethe, allo scopo, forse, di giocare sul fatto che i tre nomi, Alpher, Bethe e Gamow, letti all'americana storpiando un po' le parole, possono sembrare i nomi delle prime tre lettere dell'alfabeto greco."

Io qui non vi racconterò in dettaglio la sostanza di quella lezione, ma soltanto la conclusione. E la conclusione era che "Non resta, dunque, che tristemente concludere che questa teoria è incapace di spiegare il modo come gli elementi sono venuti a formarsi il che era in fondo da aspettarsi."

Non vi nego che, sul momento, rimasi perplesso per questa conclusione. Come, mi dissi, un'ora abbondante per concludere con un nulla di fatto? Eppure un risultato importante era stato raggiunto, quello di dimostrare che le ipotesi fatte erano sbagliate. Scoprire di aver commesso un errore è certamente un risultato infinitamente più positivo che costruire una teoria con ipotesi tanto vaghe da poter spiegare un gran numero di risultati sperimentali. La scienza procede dimostrando i propri errori, non costruendo teorie che non possono mai essere falsificate.

**Linguaggio**

In quella lezione avevo avuto la conferma che in ogni scienza è necessario formulare un certo numero di ipotesi ben precise che possano essere sottoposte a verifica e, se dimostrate false, sostituite da altre ipotesi.

Ma prima ancora di formulare le ipotesi occorre definire con precisione il significato dei termini impiegati perché, come dice San Giovanni, "In principio erat Verbum", ossia la Parola è all'inizio di ogni cosa. Infatti il linguaggio è un mezzo di comunicazione, ma più ancora è l'ingrediente indispensabile del pensiero. Senza un linguaggio non è possibile il pensiero.

Me ne resi conto quasi per caso un giorno leggendo un racconto di fantascienza nel quale degli uomini si incontravano con esseri viventi provenienti da altri pianeti e comunicavano con loro mediante telepatia; ciò è molto facile da raccontare, ma impossibile da realizzare.

Per telepatia, se fosse realizzabile, si potrebbero trasmettere messaggi, non idee. Un'idea elementare come "fame" può essere trasmessa semplicemente come una sensazione fisiologica: è uno stimolo che non ha bisogno di parole. Ma idee appena un poco più complesse, come "avevo fame", "avrò fame", "quando ho fame", "se ho fame", eccetera, hanno bisogno di essere codificate mediante un linguaggio, o vocale, o mimico, o pittorico, ma in ogni caso convenzionale, quindi da definire a priori.

Lo scopo di ogni teoria è di provvedere un linguaggio che dia significato e coerenza alle nostre osservazioni. Costruire un linguaggio vuol dire metterci in grado di dire nuove cose, di suggerire nuove idee.

La Farmacocinetica non è un'eccezione a questa regola. Soltanto se i termini da usare sono definiti con precisione è possibile comunicare le proprie idee e rendere i risultati di un ricercatore confrontabili con quelli di un altro ricercatore.

La prima raccomandazione che farò ai possibili futuri studenti di Farmacocinetica sarà di definire sempre con la massima precisione ogni termine usato, di distinguere fra definizione e proprietà, fra parametri farmacocinetici, ossia che si riferiscono a una proprietà intrinseca del farmaco in oggetto, parametri del modello, ossia che descrivono proprietà di un particolare modello, e infine parametri incidentali, ossia che descrivono i risultati di un particolare esperimento.

La seconda raccomandazione che farò sarà di essere poetici. Con questo termine non intendo invitarli a scrivere i loro lavori in endecasillabi, sebbene non avrei nulla da obbiettare se qualcuno fosse capace di farlo, ma voglio soltanto suggerire che un lavoro ben scritto è più facile da leggere, ed è quindi più efficace, se scritto in modo semplice ed elegante. Valga all'uopo una frase scritta da una persona che di poesia se ne intendeva:

"Non ci sarebbe tanto bisogno della viva voce del maestro nelle scienze se i trattatisti avessero mente più poetica. Pare ridicolo il desiderare il poetico p. e. in un matematico; ma tant'è: senza una viva e forte immaginazione non è possibile di mettersi nei piedi dello studente e prevedere tutte le difficoltà ch'egli avrà e i dubbi e le ignoranze ..." (Giacomo Leopardi, Zibaldone, 58).

Ora sono finalmente pronto a iniziare la mia prolusione.

**Prolusione**

"Rettore Magnifico, Autorità accademiche, illustri colleghi, amici, ma soprattutto cari studenti, ...

www.ingramcontent.com/pod-product-compliance
Lightning Source LLC
Chambersburg PA
CBHW051943290426
44110CB00015B/2090